中华人民共和国行业标准

城镇化地区公路工程技术标准

Technical Standard for Highway Engineering in Suburban and Rural Town Areas

JTG 2112—2021

主编单位：交通运输部公路科学研究院
批准部门：中华人民共和国交通运输部
实施日期：2022 年 03 月 01 日

人民交通出版社股份有限公司

律 师 声 明

本书所有文字、数据、图像、版式设计、插图等均受中华人民共和国宪法和著作权法保护。未经人民交通出版社股份有限公司同意，任何单位、组织、个人不得以任何方式对本作品进行全部或局部的复制、转载、出版或变相出版。

本书扉页前加印有人民交通出版社股份有限公司专用防伪纸。任何侵犯本书权益的行为，人民交通出版社股份有限公司将依法追究其法律责任。

有奖举报电话：(010) 85285150

北京市星河律师事务所
2020 年 6 月 30 日

图书在版编目（CIP）数据

城镇化地区公路工程技术标准：JTG 2112—2021 / 交通运输部公路科学研究院主编． — 北京：人民交通出版社股份有限公司，2021.12
ISBN 978-7-114-17752-1

Ⅰ.①城… Ⅱ.①交… Ⅲ.①城市道路—道路施工—技术标准—中国 Ⅳ.①U415.6-65

中国版本图书馆 CIP 数据核字（2021）第 256619 号

标准类型：	中华人民共和国行业标准
标准名称：	城镇化地区公路工程技术标准
标准编号：	JTG 2112—2021
主编单位：	交通运输部公路科学研究院
责任编辑：	李　沛
责任校对：	赵媛媛
责任印制：	刘高彤
出版发行：	人民交通出版社股份有限公司
地　　址：	(100011) 北京市朝阳区安定门外外馆斜街 3 号
网　　址：	http://www.ccpcl.com.cn
销售电话：	(010) 59757973
总 经 销：	人民交通出版社股份有限公司发行部
经　　销：	各地新华书店
印　　刷：	北京市密东印刷有限公司
开　　本：	880×1230　1/16
印　　张：	4.75
字　　数：	99 千
版　　次：	2021 年 12 月　第 1 版
印　　次：	2022 年 3 月　第 2 次印刷
书　　号：	ISBN 978-7-114-17752-1
定　　价：	50.00 元

(有印刷、装订质量问题的图书，由本公司负责调换)

中华人民共和国交通运输部

公　告

第 71 号

交通运输部关于发布
《城镇化地区公路工程技术标准》的公告

现发布《城镇化地区公路工程技术标准》(JTG 2112—2021)，作为公路工程行业标准，自 2022 年 3 月 1 日起施行。

《城镇化地区公路工程技术标准》(JTG 2112—2021) 的管理权和解释权归交通运输部，日常解释和管理工作由主编单位交通运输部公路科学研究院负责。

请各有关单位注意在实践中总结经验，及时将发现的问题和修改建议函告交通运输部公路科学研究院（地址：北京市西土城路 8 号，邮政编码：100088），以便修订时研用。

特此公告。

中华人民共和国交通运输部
2021 年 11 月 29 日

交通运输部办公厅　　　　　　　　　　　　　　2021 年 11 月 30 日印发

前　言

根据交通运输部《关于下达 2018 年度公路工程行业标准制修订项目计划的通知》（交公路函〔2018〕244 号）的要求，由交通运输部公路科学研究院主持《城镇化地区公路工程技术标准》（以下简称"本标准"）的制定工作。

本标准总结了国内城镇化地区公路工程建设的成熟经验，借鉴了国内外相关标准和技术成果，以提高城镇化地区公路服务和安全为目标，为城镇化地区公路建设提供技术规定。

本标准共 10 章，包括总则，术语，基本规定，路线，路基路面，桥涵，隧道，路线交叉，交通工程及沿线设施，管线综合、雨水工程、景观。

本标准由唐琤琤、杨曼娟负责起草第 1、2 章，谢军、史艳华负责起草第 3 章，郭忠印、宋灿灿负责起草第 4、5 章，李军负责起草第 6 章，廖军洪负责起草第 7 章，周建、盛明宏负责起草第 8 章，晁遂、唐琤琤、杨曼娟、矫成武、鲍飞负责起草第 9 章，侯良洁、高阳负责起草第 10 章。

请各有关单位在执行过程中，将发现的问题和意见，函告本标准日常管理组，联系人：唐琤琤（地址：北京市海淀区西土城路 8 号，交通运输部公路科学研究院；邮政编码：100088；电话：010-62079505；传真：010-62370567；电子邮箱：czhdqglgcjsbz@163.com），以便修订时参考。

主 编 单 位：交通运输部公路科学研究院
参 编 单 位：中交第一公路勘察设计研究院有限公司
　　　　　　 北京市市政工程设计研究总院有限公司
　　　　　　 同济大学
　　　　　　 上海市市政规划设计研究院有限公司
　　　　　　 中国华西工程设计建设有限公司
　　　　　　 安徽省路桥工程集团有限责任公司

主　　　　编：唐琤琤
主要参编人员：郭忠印　杨曼娟　周　建　谢　军　矫成武　李　军
　　　　　　 侯良洁　宋灿灿　史艳华　廖军洪　晁　遂　鲍　飞
　　　　　　 高　阳　盛明宏

主　　　审：廖朝华

参与审查人员：霍　明　　李春风　　和坤玲　　聂承凯　　刘子剑　　温学钧
　　　　　　　孙芙灵　　莫　阳　　徐　欣　　杨伟东　　张晓冬　　王维凤
　　　　　　　沈国华　　鲁昌河　　钟小明　　郭　刚　　周兴顺　　张朝阳

参 加 人 员：周荣贵　　李佳辉　　张　帆　　吴京梅　　张　斌　　历　莉
　　　　　　　狄胜德　　邬洪波　　刘洪启　　周　华　　王家林　　刘　超
　　　　　　　王进民

目　次

- 1 总则 ··· 1
- 2 术语 ··· 2
- 3 基本规定 ·· 3
  - 3.1 公路分级及设施设置 ··· 3
  - 3.2 设计车辆 ··· 3
  - 3.3 设计交通量预测年限 ··· 4
  - 3.4 通行能力与服务水平 ··· 4
  - 3.5 设计速度 ··· 5
  - 3.6 建筑限界 ··· 5
- 4 路线 ··· 7
  - 4.1 一般规定 ··· 7
  - 4.2 横断面 ··· 7
  - 4.3 平面 ··· 9
  - 4.4 纵断面 ·· 10
- 5 路基路面 ·· 11
- 6 桥涵 ·· 12
- 7 隧道 ·· 14
- 8 路线交叉 ·· 16
  - 8.1 公路与公路、城市道路平面交叉 ·· 16
  - 8.2 公路与公路、城市道路立体交叉 ·· 18
  - 8.3 公路与轨道交通交叉 ·· 20
- 9 交通工程及沿线设施 ·· 22
  - 9.1 交通安全设施 ··· 22
  - 9.2 服务设施 ··· 23
  - 9.3 管理设施 ··· 24
- 10 管线综合、雨水工程、景观 ·· 28
  - 10.1 管线综合 ·· 28
  - 10.2 雨水工程 ·· 29
  - 10.3 景观 ·· 30

本标准用词用语说明	31
附件 《城镇化地区公路工程技术标准》（JTG 2112—2021）条文说明	33
1 总则	35
2 术语	36
3 基本规定	37
4 路线	40
5 路基路面	46
6 桥涵	47
7 隧道	49
8 路线交叉	51
9 交通工程及沿线设施	61
10 管线综合、雨水工程、景观	65

1 总则

1.0.1 为规范城镇化地区公路工程建设，制定本标准。

1.0.2 本标准适用于新建和改扩建的城镇化地区公路。

1.0.3 城镇化地区公路应兼顾服务沿线短途交通需求，包括非机动车与行人交通需求。

1.0.4 城镇化地区公路建设应符合公路网规划，宜结合城市道路网规划；用地范围应根据实际需要确定，包括辅路、非机动车道和人行道的用地。

1.0.5 公路进入城镇化地区或与城市道路衔接，应选择合理的衔接位置与衔接方式，过渡应顺适。

1.0.6 城镇化地区公路项目不宜分期修建；条件受限时，经论证可一次设计分期实施。

1.0.7 城镇化地区公路应注重环境保护。路域景观应符合交通安全要求，与沿线城镇风貌相协调。

1.0.8 城镇化地区公路工程除应符合本标准的规定外，尚应符合国家和行业现行有关标准的规定。

2 术语

2.0.1 主路 express lanes
高速公路或一级公路中与辅路分离，供机动车快速通过的部分。

2.0.2 辅路 local lanes
高速公路或一级公路中集散沿线交通，间断或连续地设置于主路上层或下层、两侧或一侧，供机动车行驶的部分。

2.0.3 隔离设施 separate facilities
设置于对向机动车道之间、机动车道与非机动车道之间起分隔作用的物理设施。

2.0.4 侧分隔带 outer separations
在公路中线两侧沿公路纵向设置的分隔同向机动车与机动车交通、同向机动车与非机动车交通的带状设施。

2.0.5 公交停靠站 bus stop
为公交车辆提供的供乘客上下车的停靠设施。

3 基本规定

3.1 公路分级及设施设置

3.1.1 城镇化地区公路应按现行《公路工程技术标准》（JTG B01）确定技术等级；根据城镇化地区交通特性及需要，宜增设辅路、非机动车道和人行道等设施，其设置应符合下列规定：

1 高速公路、作为干线的一级公路，当短途交通量较大导致出入口布设困难时，应设置辅路。

2 作为集散的一级公路，当短途交通量较大导致出入口布设困难时，宜设置辅路；一级公路，当非机动车交通量、行人交通量较大时，应设置非机动车道、人行道。

3 二级公路，当短途交通量较大时，应设置慢车道，但机动车道不宜超过四车道；当非机动车交通量、行人交通量较大时，应设置非机动车道、人行道。

4 三级、四级公路，当非机动车、行人交通量较大时，可设置非机动车道、人行道。四级公路宜采用双车道。

3.1.2 城镇化地区公路与城市道路衔接应符合下列规定：
1 高速公路、作为干线的一级公路，宜与快速路衔接。
2 作为集散的一级公路、作为干线的二级公路，宜与主干路衔接。
3 作为集散的二级、三级公路，宜与次干路衔接。
4 作为支线的三级、四级公路，宜与支路衔接。

3.2 设计车辆

3.2.1 机动车设计车辆及其外廓尺寸应符合现行《公路工程技术标准》（JTG B01）的规定。

3.2.2 非机动车设计车辆及其外廓尺寸应符合表3.2.2的规定。

表3.2.2 非机动车设计车辆及其外廓尺寸

车 辆 类 型	总长（m）	总宽（m）	总高（m）
自行车	1.93	0.60	2.25

续表 3.2.2

车辆类型	总长（m）	总宽（m）	总高（m）
三轮车	3.40	1.25	2.25

注：1. 总长：自行车为前轮前缘至后轮后缘的距离；三轮车为前轮前缘至车厢后缘的距离。
    2. 总宽：自行车为车把宽度；三轮车为车厢宽度。
    3. 总高：自行车为骑车人骑在车上时，头顶至地面的高度；三轮车为载物顶至地面高度。

3.3 设计交通量预测年限

3.3.1 二级公路设计交通量预测年限宜为 20 年，四级公路设计交通量预测年限宜为 10~15 年，其他等级公路交通量预测年限应符合现行《公路工程技术标准》（JTG B01）的规定。

3.4 通行能力与服务水平

3.4.1 公路设计服务水平应符合现行《公路工程技术标准》（JTG B01）的规定，并应符合下列规定：

1 高速公路与作为干线的一级公路，设置辅路的路段，主路设计服务水平应不低于三级，辅路设计服务水平较主路宜降低一级。高速公路与作为干线的一级公路，未设置辅路的路段，设计服务水平可降低一级。

2 高速公路、作为干线的一级公路与快速路衔接的路段设计服务水平应不低于四级。

3 作为集散的一级公路设计服务水平可降低一级。

3.4.2 自行车道的设计通行能力应符合下列规定：

1 不受平面交叉影响的一条自行车道的路段设计通行能力，当有机非隔离设施时，应取 1 600~1 800veh/h；当无机非隔离设施时，应取 1 400~1 600veh/h。

2 受平面交叉影响的一条自行车道的路段设计通行能力，当有机非隔离设施时，应取 1 000~1 200veh/h；当无机非隔离设施时，应取 800~1 000veh/h。

3 信号平面交叉进口道一条自行车道的设计通行能力可取 800~1 000veh/h。

3.4.3 人行设施设计通行能力应符合表 3.4.3 的规定。行人较多的重要区域设计通行能力宜采用低值，非重要区域宜采用高值。

表 3.4.3 人行设施的设计通行能力

人行设施类型	设计通行能力
人行道 [人/（h·m）]	1 800~2 100
人行横道 [人/（hg·m）]	2 000~2 400

续表 3.4.3

人行设施类型	设计通行能力
人行天桥 [人/(h·m)]	1 800～2 000
人行地道 [人/(h·m)]	1 440～1 640
车站码头的人行天桥、人行地道 [人/(h·m)]	1 400

3.5 设计速度

3.5.1 城镇化地区公路设计速度应根据公路功能与技术等级，结合地形、工程经济、沿线土地利用性质和兼具城市道路功能等因素综合论证，按现行《公路工程技术标准》（JTG B01）选取确定，但不宜采用高值。

3.5.2 高速公路与设计速度60km/h的快速路衔接的路段，经论证，该局部路段的设计速度可采用60km/h，但长度不宜大于15km，或仅限于相邻两互通式立体交叉之间的路段。

3.5.3 作为干线的一级公路与快速路衔接的路段设计速度宜与快速路保持一致；作为集散的一级公路，或一级公路与主干路衔接的路段，设计速度宜采用60km/h。

3.5.4 作为干线的二级公路、二级公路与主干路衔接的路段，设计速度宜采用60km/h。作为集散的二级公路、二级公路与次干路衔接的路段，设计速度宜采用60km/h；当被衔接路段的设计速度为30km/h时，可采用40km/h。

3.5.5 作为集散的三级公路，或与次干路衔接的路段，设计速度宜采用40km/h。

3.5.6 高速公路、作为干线一级公路的辅路设计速度宜为主路的0.6～0.8倍；作为集散一级公路的辅路设计速度宜为主路的0.4～0.6倍。仅供机动车通行的辅路宜取高值，机动车与非机动车混行的辅路宜取低值。

3.5.7 公路与城市道路衔接时，衔接路段设计速度宜一致或差值不宜大于20km/h；当两个路段设计速度差值大于20km/h或横断面不同时，应设置过渡段。

3.6 建筑限界

3.6.1 人行道、非机动车道与机动车道之间设置分隔带时，机动车行驶部分建筑限界应符合现行《公路工程技术标准》（JTG B01）的规定。非机动车道、人行道的建筑限界应符合图 3.6.1 的规定,净高应为 2.50m。

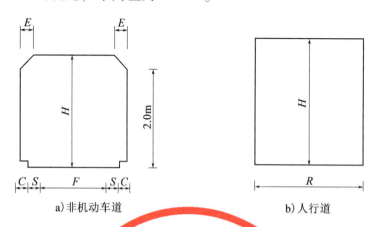

图 3.6.1 典型建筑限界

S-路缘带宽度(m);C-侧向安全宽度(m),一般取 0.25m;E-建筑限界顶角宽度(m),一般取 0.5m;F-非机动车道宽度(m);R-人行道路面宽度(m);H-净高(m)

3.6.2 人行道、非机动车道与机动车道之间未设置分隔带时,建筑限界应符合现行《公路工程技术标准》(JTG B01)的规定。

4 路线

4.1 一般规定

4.1.1 路线线位应符合公路网规划控制点和城镇总体规划要求。

4.1.2 路线线形应结合地形地物、地质水文和排水等要求综合考虑，正确运用各类技术指标，注意平纵线形组合，保持线形连续均衡。

4.1.3 应根据公路功能、技术等级、交通特性及地形，结合用地、管线、绿化及控制条件，合理确定公路横断面组成及形式。

4.2 横断面

4.2.1 机动车道宽度应符合现行《公路工程技术标准》（JTG B01）的规定。符合下列情况时，城镇化地区公路车道宽度可采用表4.2.1的规定：
1 以通行中、小型客运车辆为主的公路；
2 改扩建时用地严重受限的公路。

表 4.2.1 机动车道宽度

设计速度（km/h）	100	80	60	50	40	30	20
车道宽度（m）	3.50	3.50	3.25	3.25	3.00	3.00	3.00

4.2.2 非机动车道宽度不应小于表4.2.2的规定。

表 4.2.2 非机动车道宽度

车辆种类	自行车	三轮车
车道宽度（m）	1.0	2.0

4.2.3 设计速度大于或等于50km/h时，机动车与非机动车不宜混行。四级公路非机动车与机动车混行时，路面最小宽度可采用4.0m；三轮车较多时，路面最小宽度可采用5.0m。

4.2.4 人行道宽度不应小于1.5m；局部路段空间受限时，不得小于1.2m。人行道与非机动车道合并设置时，宽度可采用表4.2.4的规定。

表4.2.4 人行道与非机动车道合并设置的宽度

车辆种类	自行车	三轮车
宽度（m）	2	3

4.2.5 侧分隔带的设置应符合下列规定：

1 主路与辅路间应设置侧分隔带。

2 设计速度大于或等于80km/h时，机动车道与非机动车道或人行道间宜设置侧分隔带。

3 侧分隔带宽度应根据隔离设施的宽度确定。

4 侧分隔带机动车道一侧的路缘带宽度应符合表4.2.5的规定，非机动车道一侧的路缘带宽度应为0.25m。

表4.2.5 路缘带最小宽度

设计速度（km/h）	120	100	80	60	<60
路缘带宽度（m）	0.75	0.75	0.5	0.5	0.25

4.2.6 硬路肩设置应符合下列规定：

1 左侧硬路肩应符合现行《公路工程技术标准》（JTG B01）的规定。

2 双向四车道高速公路，右侧硬路肩宽度应为3.0m。其他高速公路右侧硬路肩应符合现行《公路工程技术标准》（JTG B01）的规定。

3 设置辅路的一级公路，主路单向机动车道数大于或等于3条时，右侧硬路肩宽度最小值可采用表4.2.6规定的最小值。辅路为单车道且未设置非机动车道时，应设置右侧硬路肩；辅路设计速度大于或等于60km/h时，硬路肩宽度不得小于0.75m；辅路设计速度小于60km/h时，宽度不得小于0.5m。右侧硬路肩宽度包含路缘带宽度。

表4.2.6 一级公路硬路肩宽度最小值

设计速度（km/h）	100	80	60
硬路肩宽度（m）	1.00	0.75	0.75

4.2.7 非机动车道、人行道外侧设置边沟时，应设置土路肩。

4.2.8 横断面组成应根据机动车、非机动车和行人交通需求确定，并符合下列规定：

1 高速公路路基横断面应包括行车道、中间带、路肩等部分，可包括辅路、侧分隔带、加（减）速车道等。

2 一级公路路基横断面应包括行车道、中间带、路肩等部分，可包括加（减）速车道、侧分隔带、辅路、非机动车道、人行道等。

3 二级公路路基横断面应包括行车道、路肩等部分，可包括慢车道、侧分隔带、非机动车道、人行道等。

4 三级公路路基横断面应包括行车道、路肩等部分，可包括非机动车道、人行道等。

5 四级公路路基横断面应包括行车道、路肩等部分，可包括错车道、人行道等。

4.3 平面

4.3.1 高速公路主路、设计速度大于或等于80km/h的一级公路主路圆曲线最小半径应符合现行《公路工程技术标准》（JTG B01）的规定。高速公路辅路、设计速度为60km/h的一级公路主路、二级至四级公路圆曲线最小半径应符合表4.3.1的规定。当地形条件特别困难时，可采用设超高最小半径的极限值。

表4.3.1 圆曲线最小半径

设计速度（km/h）			120	100	80	60	50	40	30	20
设超高最小半径（m）	一般值		—	650	400	300	200	150	85	40
	极限值	最大超高6%	—	—	—	—	—	—	—	—
		最大超高4%	—	—	—	—	100	—	—	—
不设超高最小半径（m）	路拱≤2.0%		—	1 600	1 000	600	400	300	150	70
	路拱＞2.0%		—	2 500	1 600	900	600	400	250	100

注："—"表示现行《公路工程技术标准》（JTG B01）已规定，或不需要规定。

4.3.2 圆曲线半径小于不设超高最小半径时，应设置圆曲线超高。最大超高应符合下列规定：

1 设计速度小于或等于60km/h的城镇化地区公路最大超高可采用4%。

2 设计速度大于60km/h的一级公路、二级公路的最大超高可采用6%。

3 非机动车道与机动车道间未设置侧分隔带时，一般地区非机动车道超高值宜与机动车道一致，积雪冰冻地区非机动车道超高值可适当减小。

4.3.3 辅路设计速度为50km/h时，平曲线最小长度一般值应为150m，极限值应为85m。

4.3.4 辅路设计速度为50km/h时，停车视距应不小于60m，会车视距应不小于120m。

4.4 纵断面

4.4.1 主路及辅路的最大纵坡应符合表 4.4.1 的规定。改扩建公路、受地形条件或其他特殊情况限制时，经论证最大纵坡可增加 1%。在声环境敏感区，宜采用较平缓的纵坡。

表 4.4.1 主路及辅路最大纵坡

设计速度（km/h）	120	100	80	60	50	40	30	20
最大纵坡（%）	3	3	4	5	5.5	6	7	8

注：辅路通行非机动车时，应满足非机动车最大纵坡的要求。

4.4.2 积雪冰冻地区非机动车道的纵坡不宜大于 3.0%，其他地区不宜大于 3.5%。

4.4.3 当遇特殊困难纵坡小于 0.3% 时，应设置锯齿形沟或采用其他排水设施。

4.4.4 主路最大坡长应符合现行《公路工程技术标准》（JTG B01）的规定，辅路最大坡长应符合表 4.4.4 的规定，当设计速度小于 40km/h 时，不限制单一纵坡的坡长。

表 4.4.4 辅路最大坡长

设计速度（km/h）	60	50		40	
纵坡（%）	6	6	6.5	6.5	7
最大坡长（m）	400	350	300	300	250

4.4.5 辅路设计速度为 50km/h 时，凸形竖曲线与凹形竖曲线最小半径应为 700m，最小长度应为 40m。

5 路基路面

5.0.1 应结合沿线水文、气象、地形、地质等自然条件，以及城镇防排水管网和海绵设施等条件，设置必要的地表排水和地下排水设施，并应形成合理的排水系统。

5.0.2 路基断面应与城镇规划和自然景观相协调，并充分评估重要建筑和历史古迹等的影响。

5.0.3 对于主路、辅路、非机动车道和人行道一体的整体式路基，路基压实度应符合现行《公路工程技术标准》（JTG B01）的规定。对于独立设置的非机动车道和人行道，非机动车道和人行道的路基压实度标准可降低一个等级。

5.0.4 路面面层应符合下列规定：
1 综合考虑雨水收集利用的公路，路面结构宜满足透水性的要求。
2 公路经过噪声敏感区域时，宜采用降噪路面。
3 对环保要求较高的路段或隧道内沥青混凝土路面，宜采用温拌沥青混凝土。

5.0.5 公交停靠站、平交口或通行特种车辆的路段，路面结构应根据车辆运行要求进行特殊设计。

5.0.6 非机动车道的路面应根据筑路材料、施工最小厚度、路基土类型、水文、地质条件及当地工程经验，确定结构层组合与厚度，满足整体强度和稳定性的要求。

5.0.7 人行道的铺面应满足稳定、抗滑、平整和生态环保的要求。

6 桥涵

6.0.1 桥涵应根据公路功能、等级、通行能力及防洪、抗灾要求，结合地形、河流水文、地质、通航要求、环境影响等条件进行综合设计，并应考虑城镇规划的需求。

6.0.2 桥涵设计洪水频率应符合现行《公路工程技术标准》（JTG B01）的规定。当桥涵所在地区总体防洪标准低于现行《公路工程技术标准》（JTG B01）所要求的桥涵设计洪水频率时，可考虑城市防洪规划，采用相交河道或沟渠的规划洪水频率来确定桥涵设计高程，但应确保桥涵结构在现行《公路工程技术标准》（JTG B01）所要求的桥涵设计洪水频率下的安全。

6.0.3 路、桥宽度不同时，应顺适过渡。

6.0.4 桥梁及其引道的平、纵、横技术指标应与路线总体布设相协调，并应符合下列规定：
1 机动车道，桥上纵坡不宜大于4.0%，桥头引道纵坡不宜大于5.0%。
2 非机动车道，桥上纵坡和桥头引道纵坡均不宜大于2.5%，布设困难时不得大于3.0%。
3 易结冰、积雪的桥梁，桥上纵坡宜适当减小。

6.0.5 桥梁的汽车及人群荷载应符合现行《公路工程技术标准》（JTG B01）的相关规定。非机动车道的桥梁结构在与机动车道的桥梁结构相连接的情况下，其设计荷载宜按汽车荷载考虑。

6.0.6 管线过桥涵应符合下列规定：
1 不得在桥上敷设污水管、压力大于0.4MPa的燃气管和其他可燃、有毒或腐蚀性的液体、气体管。
2 条件允许时，在桥梁敷设的电信电缆、热力管、给水管、电压不高于10kV配电电缆、压力不大于0.4MPa燃气管必须采取有效的安全防护措施。

3 不得在涵洞、通道内敷设电压高于 10kV 的配电电缆、燃气管及其他可燃、有毒或腐蚀性液体、气体管。

4 超过以上规定的管线，如因特殊需求需要在桥上或涵洞、通道内通过时，应进行可行性、安全性专题论证。

7 隧道

7.0.1 隧道横断面布置应综合考虑机动车道、非机动车道、人行道和隔离设施等因素确定。

7.0.2 高速公路、控制出入的一级公路严禁在隧道同孔内设置非机动车道和人行道。

7.0.3 不控制出入的一级公路与二级至四级公路隧道可根据需要设置人行道和非机动车道；隧道长度大于1 000m时，不得在同孔内设置非机动车道或人行道。

7.0.4 隧道同孔内设置非机动车道或人行道时，应符合下列规定：
1 机动车道与非机动车道或人行道间应设置隔离设施。
2 隧道检修道宽度满足要求时，可兼作非机动车道或人行道。
3 隧道内设置硬路肩且宽度满足要求时，非机动车道或人行道可利用硬路肩。
4 隧道洞口内外非机动车道或人行道宽度宜相同，且衔接顺适。

7.0.5 隧道不通行非机动车或行人时，隧道内纵坡应大于0.3%且小于3.0%，但短于100m的隧道可不受此限。高速公路、一级公路的中、短隧道，当条件受限制时，经论证隧道最大纵坡可适当加大，但不宜大于4.0%。

7.0.6 隧道通行非机动车或行人时，最大纵坡不宜大于2.5%，但短于100m的隧道可不受此限。当条件受限制时，经论证隧道最大纵坡可适当加大，但不应大于3.5%。

7.0.7 洞外水可能进入隧道内时，应根据排水设计重现期、地形环境条件、线形指标、公路功能等，在洞口上方设置排水设施、截水设施或采取引排措施等，并完善雨污分流排水系统。

7.0.8 通行行人或非机动车的公路隧道防灾设计，应符合现行《建筑设计防火规范》（GB 50016）的相关规定。

7.0.9 通行行人或非机动车的公路隧道应设置照明,隧道内部空气环境应满足行人安全的要求。

7.0.10 长度大于1 000m的隧道,应设置隧道管理用房。

8 路线交叉

8.1 公路与公路、城市道路平面交叉

8.1.1 平面交叉设计服务水平不应低于四级。

8.1.2 平面交叉的间距应根据相交道路功能、技术等级及其对行车安全、通行能力和交通延误的影响确定，并应符合下列规定：

1 一级至三级公路T形、十字形及环形平面交叉最小间距应符合表8.1.2-1的规定，右出右进控制平面交叉最小间距应符合表8.1.2-2的规定。受规划、用地限制等因素影响，平面交叉间距不满足最小间距要求时，相邻平面交叉应进行统筹设计，并满足表8.1.2-1和表8.1.2-2规定的平面交叉最大密度的要求。

表8.1.2-1 T形、十字形及环形平面交叉最小间距和最大密度

公路等级	一级公路			二级公路		三级公路
公路功能	干线公路		集散公路	干线公路	集散公路	集散公路
	一般值	最小值				
间距（m）	2 000	1 000	500	500	300	200
密度（个/km）	0.5	1.0	2.0	2.0	3.3	5.0

表8.1.2-2 右出右进控制平面交叉最小间距和最大密度

公路等级	一级公路		二级公路		三级公路
公路功能	干线公路	集散公路	干线公路	集散公路	集散公路
间距（m）	500	250	200	150	100
密度（个/km）	2.0	4.0	5.0	6.6	10

2 一级、二级公路宜通过右出右进控制、增设辅路或慢车道、合并被交叉路等措施，加大平面交叉间距。

3 一级、二级公路的掉头车道宜设置在平面交叉处。受路网条件限制时，作为集散的一级公路可在中央分隔带设置仅供小客车掉头的开口，开口与平面交叉最小间距应符合表8.1.2-1的规定，并应设置变速车道。

8.1.3 平面交叉处交叉角度、线形、安全设施应满足对机动车、非机动车和行人的

视距要求。条件受限不能满足要求时，应采取必要的控制与警示诱导措施。

8.1.4 平面交叉设计应综合考虑相交道路功能、技术等级、设计速度、交叉管理方式、转向交通量、交通组成等因素，并应符合下列规定：

1 一级、二级公路平面交叉有左右转弯需求的，应设置左转弯车道，宜设置右转弯车道。

2 平面交叉转弯路径上设置非机动车道横穿的，转弯设计速度不宜大于20km/h，转弯曲线的线形及路幅宽度应根据设计车辆的转弯行驶轨迹确定。

8.1.5 平面交叉应综合交通量与通行效率、相交道路等级、非机动车与行人过街安全需求等因素，合理采用交通管理方式，并应符合下列规定：

1 公路与城市主干路交叉应采用信号控制，与城市次干路交叉宜采用信号控制。

2 平面交叉因交通量大或非机动车与行人穿越频繁，而易引起交通延误、阻塞或事故频发时，应采用信号控制。

3 主路设计速度大于60km/h，平面交叉采用信号控制时，宜按干线公路对平面交叉间距进行控制。

4 右出右进控制平面交叉应采用主路优先交叉管理方式。

8.1.6 平面交叉渠化设计应根据交叉形式、交叉等级、交通管理方式、转向交通量、设计速度、非机动车与行人交通流分布、辅路和慢车道设置等因素，合理采用加铺转角、展宽路口、设置转弯车道和交通岛等方式。

8.1.7 非机动车与行人过街设施应根据非机动车与行人过街需求、公路技术等级、设计速度、横断面宽度和交通管理方式等，合理选择人行横道、人行天桥或人行通道等过街形式，并应符合下列规定：

1 非机动车与行人过街设施宜与平面交叉统一布设。

2 六车道及六车道以上断面或设计速度大于60km/h的公路，路段上不宜设置人行横道。困难路段需设置人行横道时，应根据公路功能与技术等级，通过限速管理、信号控制等措施加强主路和行人的安全。

3 六车道以下断面或设计速度小于或等于60km/h的公路，行人过街需求无法通过平面交叉满足时，路段上可设置人行横道。人行横道之间及与其他交通转换设施的间距应符合右出右进控制交叉间距的要求。

4 车道数大于六条时，交叉口应利用中央隔离设施设置二次过街安全岛。安全岛宽度不宜小于2.0m，困难情况下不得小于1.0m。

8.1.8 一级公路主辅路间应根据交通转换需要在适当位置设置出入口，合理布设侧分隔带开口，并符合下列规定：

1 主辅路出入口之间，或出入口与相邻侧分隔带开口、平面交叉、互通式立体交叉出入口等交通转换设施之间应进行统筹规划、合理布局，间距应满足车辆预告、视认、交织变道、转向等安全需求。

2 平面交叉处宜通过进口道上游的主路入口、被交路掉头、设置专用左转相位等方式满足辅路车辆左转功能。

3 主辅路出入口宜按照匝道出入口的规定，根据主辅路速度差在主路一侧设置变速车道。断面宽度受限时，可利用主路硬路肩、侧分隔带或辅路部分宽度设置变速车道。辅路宜设置一条车道与变速车道直接连接，或采用辅路让行规则。

8.2 公路与公路、城市道路立体交叉

8.2.1 公路与公路、城市道路立体交叉分为互通式立体交叉和分离式立体交叉，立体交叉设置类型应符合下列规定：

1 高速公路与快速路、主干路相交，以及一级、二级公路与快速路相交时，应结合转向交通需求设置互通式立体交叉。

2 作为干线的一级公路与主干路相交，宜结合转向交通需求设置互通式立体交叉。

3 作为集散的一级、二级公路与主干路、次干路采用平面交叉，冲突与延误严重，通过渠化或信号控制仍不能满足通行能力与安全要求时，应设置互通式立体交叉。

4 一级、二级公路过境交通量大或货车比例高，在平面交叉密集路段难以通过有效措施满足通行能力与安全需求时，宜采用公路上跨的分离式立体交叉。

8.2.2 高速公路、一级公路相邻互通式立体交叉的最小间距宜满足表8.2.2的要求，并应符合下列规定：

表8.2.2 互通式立体交叉最小间距

互通式立体交叉类型	最小间距（km）
相邻的一般互通式立体交叉与一般互通式立体交叉	2.0
相邻的一般互通式立体交叉与枢纽互通式立体交叉	2.5
相邻的枢纽互通式立体交叉与枢纽互通式立体交叉	3.0

1 受路网规划、用地限制等因素影响，相邻互通式立体交叉间距不满足最小间距的要求时，应符合行业现行标准有关最小净距的规定，否则应利用辅助车道、集散道或匝道之间立体交叉形成复合式立体交叉。

2 利用辅助车道构成复合式立体交叉时，应进行专项分/合流诱导和交通组织设计。

3 集散道与主线之间应设置分隔带，分隔带宽度应根据隔离设施宽度确定。集散道横断面宽度应根据设计速度、交通量及用地限制等合理确定。

4 匝道以平面交叉形式接入一级、二级公路时，匝道端部平面交叉与相邻平面交叉的间距应符合平面交叉最小间距的要求。受条件限制时，相邻小间距平面交叉应进行统筹设计，并满足平面交叉渠化和车辆安全交织的需要。

8.2.3 采用主辅路分离形式的高速公路和干线一级公路，应结合路网布局、出行预测、道路功能、交通流特性等对横断面交通组织、出入口位置与布局等进行合理设置，并符合下列规定：

1 应结合转向交通需求在互通式立体交叉出入口上游和下游设置主辅路出入口，其与互通式立体交叉出入口的间距应满足车辆预告、视认、交织变道、转向等交通需求。

2 主辅路出入口与上下游互通式立体交叉出入口的间距应满足车辆预告、视认、交织变道、转向等交通需求。

3 主辅路出入口设计指标及交通安全设施应按匝道出入口进行控制，并设置变速车道。

8.2.4 互通式立体交叉选型应综合考虑相交道路的功能、技术等级、通行能力、用地限制、非机动车道和人行道穿越方式，以及是否设置收费站等因素，并应符合下列规定：

1 用地紧张或相交道路等级相差二级及二级以上时，互通式立体交叉宜采用菱形、部分菱形、部分苜蓿叶等形式。

2 条件受限不能布置完全互通式立体交叉时，可利用路网通过合理的交通组织实现互通功能。

3 互通式立体交叉宜采用先出后入的布局。受地形地物等因素限制不得不设置交织区时，宜调整形式，将交织区布设在等级相对低或交通量相对小的道路一侧，或采用设置集散道、辅助车道或匝道连接的复合式立体交叉。

4 受规划、用地限制和地物等因素影响时，匝道出入主线可采用左进或左出的形式，但应结合转向交通量、交通组成、视距、变道距离、速度差等因素，对安全性进行论证。

5 互通式立体交叉区域需要设置非机动车道与人行道时，宜设置于地面层，并根据机动车、非机动车及行人流量，合理选择非机动车道与人行道的形式，减少出入口处机动车与非机动车及行人的冲突。

8.2.5 互通式立体交叉范围内的主线平纵面指标、出口识别视距范围内的竖曲线指标等连接部设计指标，应符合下列规定：

1 受用地限制和地物等因素影响，互通式立体交叉设计特别困难，互通式立体交叉范围内的指标采用低限值时，应进行安全性论证，并应与公路前后路段相协调。

2 受用地限制和地物等因素影响，主线与连接部指标采用低限值时，应对速度管控、出入口交通诱导与渠化设计等进行综合分析论证，提出完善的交通组织和运行安全保障措施。

3 互通式立体交叉连接部应结合用地限制、交通量、桥梁设置难度等因素，合理选择连接部车道数和变速车道形式。匝道与主路设计速度差值达到40km/h时，宜采用平行式入口。断面宽度受限时，变速车道可利用主路硬路肩或辅路部分宽度。

8.2.6 互通式立体交叉匝道设计指标应符合下列规定：

1 匝道设计速度应符合表8.2.6的规定，主线设计速度低于100km/h，受用地等因素限制时，可采用表中低限值，但出口匝道控制曲线前应设置足够的运行速度过渡段，入口匝道处应设置足够的平行式加速车道，并采取完善的交通安全措施。

表8.2.6 互通式立体交叉匝道设计速度

匝道形式		直连式	半直连式	环形匝道
匝道设计速度（km/h）	枢纽互通	40~80	30~80	30~40
	一般互通	30~60	30~60	30~40

2 受地形困难或用地紧张限制，匝道纵坡超过最大纵坡规定值时，应结合匝道通行能力分析和运行速度预测进行安全性论证。

3 匝道车道数及横断面类型应根据匝道设计小时交通量、交通组成、设计速度、服务水平及超车需要等确定。交通量增长迅速或潮汐交通明显的地区，宜采用单向双车道匝道断面宽度，预留双车道匝道设置条件。

8.2.7 互通式立体交叉出口匝道末端或匝道收费站外广场终点与平面交叉的间距，以及平面交叉与入口匝道起点的间距，应满足车辆变道、入口超限治理以及通行能力的需要，并符合下列规定：

1 出口匝道末端或匝道收费站外广场终点与平面交叉停车线的间距，宜按照平面交叉排队长度计算确定。难以确定时，间距不宜小于200m；特殊困难路段不应小于150m，并增设等待车道。

2 平面交叉与入口匝道起点的间距不宜小于150m，特殊困难路段不应小于100m。

8.2.8 互通式立体交叉匝道末端平面交叉应符合下列规定：

1 十字形平面交叉应采用信号灯控制，并进行渠化设计与车道管理。匝道延伸部分、辅路宜统筹考虑地面道路转向车道与交通组织方式，避免车辆在转向行驶前连续变道两次及两次以上。平面交叉的信号应采用双向左转专用相位。

2 入口匝道起始端在辅路横断面上的布设位置宜考虑进入匝道的上游来车主流向，出口匝道末端在辅路横断面上的布设位置宜考虑驶出匝道的交通主流向。

3 被交路运行速度较高、直行交通量大，采用信号控制和渠化设计不能解决安全与通行能力问题时，可采取右出右进控制平面交叉的方式。

8.3 公路与轨道交通交叉

8.3.1 公路与轨道交通交叉应根据轨道交通种类、公路设计速度等因素合理选择交叉形式，并应符合下列规定：

    1 高速公路、城市快速路与轨道交通交叉，以及各级公路与除有轨电车外的轨道交通相交，应设置立体交叉。

    2 设计速度为60km/h以上的一级、二级公路，与有轨电车线路相交时，宜设置立体交叉。

8.3.2 公路与轨道交通立体交叉应符合下列规定：

    1 立体交叉处的公路平、纵技术指标应符合路段的规定，公路安全防护设施与排水设施应进行加强。

    2 轨道交通跨越公路上方时，其跨线桥下净空及布孔应满足公路建筑限界、视距的要求，以及对前方信息识别的要求。应结合公路规划，预留远期拓宽的空间。

    3 轨道交通从公路跨线桥下通过时，应预留安全净空。

8.3.3 公路与有轨电车线路平面交叉应符合下列规定：

    1 平面交叉宜为正交；受地形条件或其他因素限制时，交叉角度不应小于45°。

    2 公路平面线形宜满足一般值要求，应符合平面交叉视距规定。

    3 有轨电车的轨面高程与公路路面高程宜一致。

    4 应充分考虑非机动车与行人的通行安全需求进行渠化设计，合理布设相关设施。

    5 平面交叉处设置有轨电车站点时，应将站点与平面交叉统一设计。

8.3.4 公路与轨道交通线路相邻时，在充分预留安全运行与检修空间和未来发展空间的前提下，宜共用走廊带。

9 交通工程及沿线设施

9.1 交通安全设施

9.1.1 交通标志和标线应根据公路功能、使用对象及城镇化地区公路交通需求合理设置，并符合下列规定：

1 主路、辅路应分别设置各自的交通标志和标线，尺寸分别按主路、辅路的设计速度选取。

2 高速公路辅路的指路标志底色应为绿色，一级公路主路、辅路的指路标志底色应为蓝色。

3 主路与辅路的交通转换路段，交通标志和标线应相互配合、明确路权、合理渠化。主路和辅路的公路编号相同，指路标志上公路编号信息宜同时标明"主路""辅路"。"主路""辅路"宜采用白底，字体颜色同指路标志底色。

4 交通标志可附着于构造物或与其他设施合杆设置，但不应影响其视认。

5 设计速度小于60km/h且有照明的路段，当路缘石能清晰表示车行道边缘轮廓时，靠近路缘石一侧的非机动车道边缘线可不设置。

9.1.2 护栏设置应符合下列规定：

1 一级公路速度为100km/h，且整体式断面中间带实际净区宽度小于或等于《公路交通安全设施设计规范》（JTG D81—2017）附录A规定的计算净区宽度时，应设置中央分隔带护栏。

2 高速公路、一级公路的主路、辅路之间净区宽度范围内，高差大于3m且边坡陡于1:3.5时，高的一侧应设置护栏。

3 公路上跨城市道路、轨道交通，或净区宽度范围内与轨道交通并行时，应设置路侧护栏。

4 护栏防护等级应符合表9.1.2的规定。

表9.1.2 护栏防护等级

速度（km/h）	120	100	80、60	40、30
护栏等级	三（A、Am）级	二（B、Bm）级	一（C、Cm）级	—

9.1.3 隔离设施设置应符合下列规定：

1 设置慢车道的二级公路，设计速度80km/h时，宜设置隔离设施分隔对向交通。
2 设计速度大于或等于60km/h且设置非机动车道时，宜设置隔离设施分隔机动车与非机动车交通。
3 中央分隔带、侧分隔带上可设置阻碍非机动车及行人横过公路的隔离设施。
4 有行人或非机动车跌落危险的区域应设置人行栏杆。

9.1.4 中央分隔带、侧分隔带开口处，应保证视距，妨碍视距的护栏、隔离设施、绿化等应移除或进行处理。

9.1.5 城镇化地区的一级公路有照明时，不应设置防眩设施，无照明的路段可根据需要设置防眩设施。

9.1.6 护栏宜结合声屏障、防落网等设施与桥梁等结构物综合设计。

9.1.7 城镇化地区公路与城市道路衔接时，应根据需要提示净宽、净高等的变化。

9.2 服务设施

9.2.1 应根据区域公路网规划、环保与景观等要求，结合城镇化地区出行特点、土地利用规划、交通规划、市政管网规划等进行服务设施的布设，宜与城镇区域自然、人文环境相融合。

9.2.2 公路与城市道路网衔接的路段宜设置服务设施。

9.2.3 公路服务站与停车点可根据非机动车的使用需求，设置非机动车停车位。

9.2.4 公交停靠站应结合公交规划、沿线交通需求和与其他交通方式便利衔接的需求设置，并符合下列规定：
1 高速公路不应设置公交停靠站，其他公路可根据需要设置公交停靠站。
2 应与公路沿线客运汽车停靠站合并设置，宜与服务站、停车点合并设置。
3 设置辅路的一级公路，公交停靠站应设置在辅路上。设置慢车道的二级公路，公交停靠站应设置在慢车道外侧。设计速度小于或等于30km/h时可设置在车道上。
4 不应设置于隧道内、互通式立体交叉区变速车道路段。
5 设置于平面交叉口附近时，不应位于通视三角区内，不宜设置于进口道。
6 不宜设置在桥上。
7 设置于横断面发生变化路段附近时，应位于机动车道数较多或横断面总宽较大的一侧，且与渐变段保持不少于20m间距。

9.2.5 公交停靠站范围内路段应符合下列规定：

1 最大纵坡应不大于2%，积雪冰冻地区应不大于1.5%，特殊困难地形地区经安全论证应不大于3%。

2 圆曲线和竖曲线半径不应小于路段设计速度对应最小半径一般值，并满足停车视距。

3 公交停靠站不应设置于凹形竖曲线底部。

9.2.6 未设置辅路的一级公路的公交停靠站应包括站台、渐变段、加（减）速车道和停留车道；一级公路辅路、二级公路公交停靠站宜包括站台、加（减）速区段和停留车道。

9.2.7 公交停靠站布置应符合现行《公路路线设计规范》（JTG D20）关于客运汽车停靠站的规定。

9.2.8 公交停靠站站台的设计应符合下列规定：

1 站台长度应与停留车道长度一致。

2 站台高度宜为0.15~0.20m。

3 站台宽度不宜小于2.00m，条件受限时，不应小于1.50m。

9.3 管理设施

9.3.1 管理设施可结合当地智慧交通设施建设需要、供电和通信容量等情况，预留接口。管理设施外场设备与交通安全设施宜合杆设置。

9.3.2 交通信号灯设置应与公路交通组织相匹配，根据平面交叉的情况、交通流量及交通事故等因素确定，并应符合下列规定：

1 路段机动车和行人交通量较大时，可在施划人行横道的路段设置人行横道信号灯和相应的机动车信号灯。

2 信号灯连续设置时，宜采用绿波等方式协调信号灯配时方案。

3 在隧道、收费站、潮汐车道及需要对车道进行控制的路段，应设置车道控制标志。

4 交通信号灯应能被清晰、准确地识别，设备应安全可靠。

9.3.3 高速公路进入城市的路段宜采取主动交通流管控。

9.3.4 照明设置应符合下列规定：

1 路侧的客运汽车停靠站和公交停靠站宜设置照明。

2 服务站、停车点、观景台、人行道、人行横道宜设置照明。
3 设置慢车道的二级公路，对向交通间未设置隔离设施的路段，宜设置照明。
4 设计速度大于或等于 60km/h 的公路，机动车道与非机动车道在同一路面上且之间无隔离设施的路段，宜设置照明。
5 位于城市出入口路段的互通式立体交叉、特大桥宜设置照明。

9.3.5 公路照明标准值参数应符合表 9.3.5 的规定。

表 9.3.5 城镇化地区公路照明质量要求

城镇化地区公路等级	路面亮度要求			路面照度要求		眩光限制阈值增量 TI（%）最大初始值	环境比 SR 最小值
	平均亮度 L_{av}（cd/m^2）最小维持值	总均匀度 U_0 最小值	纵向均匀度 U_L 最小值	平均照度 E_{av}（lx）最小维持值	总均匀度 U_E 最小值		
高速公路、控制出入的一级公路	1.5	0.4	0.7	20	0.4	10	0.5
一级公路、二级公路	1.0	0.4	0.5	15	0.4	10	0.5
三级公路、四级公路	0.5	0.4	—	8	0.3	15	—

注：1. 表中所列数值仅适用于干燥路面。
2. 照度要求仅适用于沥青路面，水泥混凝土路面照度要求可相应降低不超过 30%。
3. 公路照明的维护系数可按 0.70 确定。
4. 公路照明测量方法参见现行《照明测量方法》（GB/T 5700）。

9.3.6 公路相交平面交会区、沿线设施及场所照明质量要求应符合表 9.3.6 的规定。

表 9.3.6 交会区、沿线设施及场所照明质量要求

照明区域		照度要求		眩光限制
		平均照度 E_{av}（lx）维持值	总均匀度 $U_0(E)$ 最小值	
交会区	与高速公路、一级公路相交	≥30	0.4	与灯具向下垂直轴夹角在 80°和 90°的观察方向上的光强应分别不大于 30cd/1 000lm 和 10cd/1 000lm
	与二级至四级公路相交	≥20	0.4	

续表 9.3.6

照明区域		照度要求		眩光限制
		平均照度 E_{av}（lx）维持值	总均匀度 $U_0(E)$ 最小值	
沿线设施及场所	路侧的客运汽车停靠站、公交停靠站	15～30	0.3	应防止照明设施给行人、机动车驾驶员造成眩光
	服务站、停车点、观景台	10～20	0.3	

注：维护系数可按 0.70 确定。

9.3.7 人行道及非机动车道照度质量要求应符合下列规定：

1 与机动车道无隔离设施的非机动车道应按机动车道的照明标准；与机动车道有隔离设施的非机动车道的平均照度宜为相邻机动车道照度值的1/2，但不宜小于相邻的人行道（如有）的照度。

2 当人行道与非机动车道混用时，宜采用非机动车道照明标准，并满足机动车道照明的环境比要求。当人行道与非机动车道分设时，人行道的平均照度宜为相邻非机动车道的1/2。

9.3.8 照明灯具平面设置应根据公路横断面形式、宽度等要求布置，宜避开弯道外侧，具体灯具的布置方式、安装高度和间距可按表9.3.8经计算后确定。

表 9.3.8 灯具的配光类型、布置方式与灯具的安装高度、间距的关系

布置方式	配光类型					
	截光型		半截光型		非截光型	
	安装高度 H（m）	间距 S（m）	安装高度 H（m）	间距 S（m）	安装高度 H（m）	间距 S（m）
单侧布置	$H \geq W_{eff}$	$S \leq 3H$	$H \geq 1.2 W_{eff}$	$S \leq 3.5H$	$H \geq 1.4 W_{eff}$	$S \leq 4H$
双侧交错布置	$H \geq 0.7 W_{eff}$	$S \leq 3H$	$H \geq 0.8 W_{eff}$	$S \leq 3.5H$	$H \geq 0.9 W_{eff}$	$S \leq 4H$
双侧对称布置	$H \geq 0.5 W_{eff}$	$S \leq 3H$	$H \geq 0.6 W_{eff}$	$S \leq 3.5H$	$H \geq 0.7 W_{eff}$	$S \leq 4H$

注：W_{eff} 为路面有效宽度，与公路的实际宽度、灯具的悬挑长度和灯具的布置方式等有关。当灯具采用单侧布置方式时，公路有效宽度为实际路宽减去一个悬挑长度。当灯具采用双侧（包括交错和相对）布置方式时，公路有效宽度为实际路宽减去两个悬挑长度。当灯具在中央分隔带上采用中心对称布置方式时，公路有效宽度为实际宽度。

9.3.9 照明光源应优先选择节能及环保产品。照明灯具的性能指标应符合国家现行

有关能效标准规定的节能评价值要求。照明的功率密度值应满足表 9.3.9 的要求。

表 9.3.9 城镇化地区公路照明功率密度值要求

城镇化地区公路等级	车道数（条）	照明功率密度值（W/m²）	照度值（lx）
高速公路、控制出入的一级公路	≥6	≤0.7	20
	<6	≤0.85	
一级公路、二级公路	≥6	≤0.70	15
	<6	≤0.85	
三级公路、四级公路	≤2	≤0.45	8

注：本表仅适用于光源为高压钠灯的条件；当采用其他光源时，应将照明功率密度值适当换算。

9.3.10 照明应根据所在地区的地理位置和季节变化，合理确定开关灯时间，宜采用光控和时控相结合的控制方式。

9.3.11 照明设施应遵循安全可靠、技术先进、经济合理、节能环保、维修方便的原则。

9.3.12 照明设施应与景观、绿化相协调，景观、绿化不得影响照明。

10 管线综合、雨水工程、景观

10.1 管线综合

10.1.1 公路的管线综合宜与城镇的道路交通、轨道交通、城市居住区、城镇环境、工程管线、防洪工程、人防工程和地下空间开发等专业规划相协调。

10.1.2 位于新建公路范围内的现状管线应满足公路施工荷载和新建公路荷载标准，必要时应采取妥善措施，保证公路及现状管线安全。

10.1.3 结合城镇总体规划，在交通流量大、地下管线密集和不宜开挖路面等地段，可采用综合管廊敷设方式。

10.1.4 当受公路宽度、断面以及现状工程管线位置和高程等因素限制时，应根据实际情况采取安全措施后，减少管线的净距。

10.1.5 地上线杆及箱柜的布置应符合下列规定：
1 地上线杆及箱柜的大小和位置应满足公路建筑限界和视距的要求。
2 地上线杆及箱柜应设置在分隔带内或其他不影响行人和车辆通行的位置。
3 地上线杆及箱柜应统一、协调设置。
4 照明电缆和信号电缆的敷设位置应与护栏、照明灯杆基础等设施位置相协调。
5 照明灯杆等位置应与交通标志的位置相协调，避免遮挡交通标志。
6 电力架空杆与通信架空杆宜分别架设在公路两侧，并与同类地下电缆同侧。
7 不同性质的架空线缆在满足相关规范要求的前提下可合杆架设。
8 架空线缆与建（构）筑物等的最小水平净距、架空线缆之间及其与建（构）筑物之间交叉时的最小垂直净距等，应符合现行相关标准的规定。

10.1.6 管线地下敷设应符合下列规定：
1 机动车道及硬路肩下不应布置纵向地下管线设施及检查井。
2 电力及通信管线可布置在人行道或分隔带下。

10.1.7 工程管线过河道时，宜采用管道桥或利用桥涵，也可在河道下方敷设。

10.2 雨水工程

10.2.1 雨水工程应遵循源头削减、过程控制、末端处理的原则,控制面源污染、防治内涝灾害、提高雨水利用程度。

10.2.2 除降雨量少的干旱地区外,新建公路的排水系统宜采用分流制。现有公路改扩建时,宜按排水规划的要求,对合流制排水系统实施雨污分流改造。

10.2.3 雨水工程宜采用管道或盖板边沟排水,不宜采用明渠。连续设置侧分隔带的路段,机动车道及非机动车道外侧应设置雨水口,通过雨水口间的连接管将路面水排至雨水管道系统中。

10.2.4 雨水工程设计应符合下列规定:
1 应依据所在地区的雨水专项规划,统筹考虑所在区域的雨水排除。
2 应根据对应的公路等级和区域城市防洪排涝标准,合理确定雨水工程的设计标准。
3 雨水工程的下游应稳定、可靠,下游出路未完善时,应采取妥善措施,保证排水安全;公路高程应根据对应的下游水体的规划设防洪水位进行计算,并根据下游水体的现状情况进行复核。
4 农田灌渠的涵洞宜单独设置。

10.2.5 应根据汇水地区性质、城镇类型、地形特点和气候特征等因素,综合确定雨水管渠的设计重现期。

10.2.6 高架桥雨落管有条件时,宜直接接入雨水管道。

10.2.7 立体交叉排水应排除汇水区域的地面径流水和影响公路功能的地下水,其形式应根据当地规划、场地水文地质条件、立体交叉形式等工程特点确定,并应符合下列规定:
1 下穿式立体交叉公路的地面径流,具备自流条件的,可采用自流排除;不具备自流条件的,应设置水泵提升排除。
2 下穿式立体交叉公路引道两端应采取措施,控制汇水面积,减少坡底聚水量。立体交叉宜采用高水高排、低水低排,且互不连通的系统。
3 可采取设置调蓄池等综合措施来达到规定的设计重现期。

10.2.8 公路范围内承担区域雨水排除任务的雨水管道支线应根据雨水工程规划、现状、平交口及出入口、地形地势等资料综合确定，当无资料时，宜按每隔 100～200m 设置。

10.2.9 雨水入渗可采用下凹式绿地、透水铺装、渗透管沟、入渗井等方式。在易发生陡坡坍塌、滑坡灾害的危险场所，以及自重湿陷性黄土、膨胀土和高含盐土等特殊土壤地质，不得采用雨水入渗系统。

10.2.10 应优先选取天然洼地、湿地、河道、池塘，或建设人工调蓄设施进行调蓄，并应与周边地形、地貌、景观相协调。公路两侧边沟，河道、池塘等宜采用生态形式。

10.3 景观

10.3.1 公路进入城镇化地区的过渡段宜进行必要的景观设计。

10.3.2 景观设施和绿化不得侵入公路建筑限界，不得遮挡交通标志标线、信号灯，不得影响照明；景观设施不得形成眩光。

10.3.3 互通式立体交叉、分合流鼻端、平交口、中分带开口等影响安全视距的区域，不得种植遮挡视线的植被，不得设置景观设施。

10.3.4 中央分隔带、侧分隔带及路侧的景观设施和绿化不得影响视距。中央分隔带、侧分隔带的灌木不宜高于40cm。

本标准用词用语说明

1 本标准执行严格程度的用词,采用下列写法:
1)表示很严格,非这样做不可的用词,正面词采用"必须",反面词采用"严禁";
2)表示严格,在正常情况下均应这样做的用词,正面词采用"应",反面词采用"不应"或"不得";
3)表示允许稍有选择,在条件许可时首先应这样做的用词,正面词采用"宜",反面词采用"不宜";
4)表示有选择,在一定条件下可以这样做的用词,采用"可"。

2 引用标准的用语采用下列写法:
1)在标准总则中表述与相关标准的关系时,采用"除应符合本标准的规定外,尚应符合国家和行业现行有关标准的规定"。
2)在标准条文及其他规定中,当引用的标准为国家标准和行业标准时,表述为"应符合《××××××》(×××)的有关规定"。
3)当引用本标准中的其他规定时,表述为"应符合本规范第×章的有关规定"、"应符合本规范第×.×节的有关规定"、"应符合本标准第×.×.×条的有关规定"或"应按本标准第×.×.×条的有关规定执行"。

附件

《城镇化地区公路工程技术标准》

（JTG 2112—2021）

条 文 说 明

1 总则

1.0.1 城镇化地区公路指在城镇化地区兼顾服务当地短途交通、非机动车及行人交通的公路路段，包括城镇出入口路段、穿城镇路段等。

一条公路的功能根据其在路网中的作用确定，但在城镇化地区的路段受区域交通特点影响，需要兼具双重功能。如干线公路具有畅通直达的功能，在城镇化地区既要保障过境交通通行和安全，又要服务短途交通出入便利和安全；集散公路及支线公路在乡镇路段要兼顾行人及非机动车交通需求。

《公路工程技术标准》（JTG B01—2014）中 1.0.9、3.4.2（2）、4.0.2（4）（5）、4.0.11、4.0.13、4.0.18（4）、5.0.2（2）、6.0.8（3）、7.0.8、8.0.3（2），规定了城镇化地区公路的要求。

本标准是《公路工程技术标准》（JTG B01—2014）的下位标准，对《公路工程技术标准》（JTG B01—2014）中有关城镇化地区公路交通需求的条款，进一步落实具体的技术指标、技术要求，规范城镇化地区公路工程建设。

1.0.5 衔接位置一般在路侧土地使用情况发生变化的路段附近。一般通过调整设计速度或线形、横断面及交通安全设施进行衔接。公路进入城镇化地区，设计速度降低以及相应的线形指标变化，有助于驾驶人控制速度，而非借助于限速标志；横断面变化，提醒驾驶人环境发生了变化，如车道布置变化、车道变窄、中分带变宽、护栏高度降低等；通过使用环岛、信号灯控制平交口等，提示驾驶人不同的驾驶环境。

1.0.6 城镇化地区用地紧张，管网等设施较为密集，改扩建工程难度较大，因此要求尽可能一次实施。条件受限是指受征地拆迁、古树或绿化保护、环境影响等限制。

2 术语

2.0.2 高速公路、一级公路的辅路部分主要是集散沿线短途交通，减少当地机动车出入对主路的影响。辅路既可设置在主路的两侧或一侧，也可设置在主路的上层或下层。

高速公路的辅路供汽车行驶，为封闭的高速公路的一部分。一级公路的辅路供汽车行驶，也可以同时供非机动车、行人通行。

2.0.3 这里主要指栏杆、隔离网、连续设置的交通柱等隔离设施。中央分隔带、侧分隔带是横断面的组成部分，有些分隔带可以起到隔离作用；护栏是具备防撞性能的交通安全设施，可以起到隔离作用；路面突起的部分如渠化岛、路缘石等，可以起到隔离作用；交通柱、分道体等连续设置时，也可以起到隔离作用。分隔对向交通的黄色标线、分隔同向机非交通的边缘线，不属于隔离设施。

2.0.4 侧分隔带是为了分隔同向机动车与机动车、同向机动车与非机动车交通。分隔主路、辅路的侧分隔带形式一般与中央分隔带类似。分隔机动车与非机动车交通的，除了类似中央分隔带的形式，还有路面形式，是横断面的组成部分，其上设置护栏、隔离栏等。

条文说明

3 基本规定

3.1 公路分级及设施设置

3.1.1 城镇化地区公路分级按现行《公路工程技术标准》（JTG B01）的规定。城镇化地区公路的主要特点在于短途交通量和非汽车交通量的增加。根据城镇化地区公路交通特性，拓展了一级公路、二级公路、三级公路及四级公路对短途交通、非汽车交通的功能。

一级公路可以设置辅路、非机动车道或人行道等解决短途交通或非汽车交通。一级公路的辅路可以机非混行，也可以只供机动车通行，另设非机动车道、人行道。

按《公路工程技术标准》（JTG B01—2014）规定，可以根据需要采用加宽硬路肩的方式设置慢车道。增设慢车道在很大程度上可以减少慢行交通产生的干扰，降低利用对向超车的概率。当慢车道数超过两车道时，即机动车道数达到六车道及六车道以上时，慢行交通作为主要交通服务对象，将在很大程度上改变该路的功能属性，因此本条规定二级公路设置慢车道时，机动车道不宜超过四车道。

3.1.2 城市道路分级：快速路、主干路、次干路和支路。

3.3 设计交通量预测年限

3.3.1 公路交通量需求对公路建设规模、运营质量等影响最为直接。公路设计交通量预测年限既要考虑适应一定时期内的交通需求，又要兼顾公路投资和结构物使用年限。不同技术等级的公路，沿途的社会环境、经济环境和自然环境差异可能较大，设计交通量预测年限应有所差异。但预测年限过长会因诸多因素的不确定性，导致设计交通量预测误差偏大，进而导致设施闲置。城镇化地区公路受城市交通影响，通行效率要低于非城镇化地区路段，且随着我国城镇化进程加快，交通需求增长往往高于非城镇化地区；二级公路在城镇化地区多作为干线与集散公路，公路功能级别相对较高，建设资金投入较大，而城镇化地区路段受用地红线控制，后期改扩建或线路改动难度较大，参考城市道路设计交通量预测年限，将城镇化地区二级公路设计交通量预测年限调整为20年，增加四级公路设计交通量预测年限规定，为10～15年。高速公路、一级公路、三级公路设计交通量预测年限仍按现行《公路工程技术标准》（JTG B01）规定，高速公路、一级公路设计交通量预测年限为20年，三级公路设计交通量预测年限为15年。

3.4　通行能力与服务水平

3.4.1　公路规划设计时，既要保证必要的车辆运行质量，又要兼顾公路建设的投资成本。城镇化地区土地资源紧张、工程造价高昂，该地区公路要兼具城市道路功能，短途交通量增大，纵横向干扰增多，车辆行驶速度一定程度上会有所下降，驾驶人期望也会同步降低，因此处于该地区的高速公路与一级公路设计服务水平可以降低一级。另外，目前我国高速公路、一级公路设计服务水平选用标准高于城市快速路与城市主干路，为了更好地满足城镇化地区交通需求，便于与城市道路协调发展，该类公路或路段也需要降低一级设计服务水平。

3.4.2　不同交通控制方式的路段及信号平面交叉处，一条自行车道的设计通行能力，采用《城市道路工程设计规范（2016年版）》（CJJ 37—2012）的规定。

非机动车还包括三轮车，但自行车是非机动车道的主要服务对象，占比很高，通行能力中主要考虑自行车即可。一般占比小于5%的车型可以不考虑，如果超过这个比例可以采用折算系数方式来计算。

3.4.3　本条为《城市道路工程设计规范（2016年版）》（CJJ 37—2012）第4.5.1条的规定。

重要区域是指城镇化地区全市性的车站、码头、商场、剧院、影院、体育馆（场）、公园、展览馆及市中心区等。该区域内行人集中的人行道、人行横道、人行天桥、人行地道等计算设计通行能力宜采用低值。

非重要区域是指城镇化地区公路支路、住宅区周围道路所在的区域。该区域内的人行道及人行横道计算设计通行能力宜采用高值。

其他如区域性文化商业中心地带行人多的大商场、商店、公共文化中心及区中心等区域的人行道、人行横道、人行天桥、人行地道等计算设计通行能力采用中间值。

3.5　设计速度

3.5.1　城镇化地区由于土地资源紧缺，单位土地造价偏高，处于该区域的公路多因交通组成复杂、路侧干扰增多等，车辆实际行驶速度有不同程度的下降，因此城镇化地区公路设计速度不宜采用高值。城市道路设计速度相对于公路较低，也可更好地与相连接的城市道路过渡。

3.5.7　不同设计速度标准的路段需做好相应的过渡。衔接处前后的平纵横指标，随着设计速度由高到低（或反之）而逐渐由大向小（或反之）变化，使行驶速度自然过渡，就能确保车辆行驶顺畅安全。虽然目前相关标准规范取消了设计路段长度的规定，但设计速度也不能频繁变化，而且设计速度变更位置选择在驾驶人能够明显判断路况发生变化而需要改变行车速度的地点，如平交口或地形、地物等明显变化处。

3.6 建筑限界

3.6.2 车行道包括机动车道、非机动车道。

4 路线

4.1 一般规定

4.1.3 横断面与交通量（车流量、人流量）、组成、行车速度等因素有关，需同时考虑公路的技术等级、交通特性、交通发展需求、地形与地质条件、建设用地限制与用地属性等，并考虑管线的敷设、绿化及控制条件（如周边建筑物及结构物）等要求，确定横断面形式与各部分组成。

4.2 横断面

4.2.1 本条综合参考《城市道路工程设计规范（2016年版）》（CJJ 37—2012）、我国台湾地区及各国设计标准取值规定。设计速度大于50km/h时，我国台湾地区公路车道宽度为3.25~3.75m，日本公路车道宽度为3.0~3.5m，德国公路车道宽度为2.5~3.75m，美国公路车道宽度为3.3~3.6m；设计速度小于或等于50km/h时，日本公路车道宽度为2.75~3.0m，德国公路车道宽度为2.50~3.0m，美国公路车道宽度为3.0m。

4.2.2 日本《道路构造令》规定：自行车专用道的宽度应在3m以上，不得已的情况下，可以缩小至2.5m。德国规定：考虑到自行车不受行车道汽车开门的影响，在路缘石旁的自行车道应用0.75m的安全空间与行车道隔开。我国台湾地区规定供单车行驶的自行车道宽应不小于1.20m，允许两辆并行的自行车道宽宜为2.0m。美国《城市自行车道设计指南》规定自行车道的宽度一般为1.25~1.5m。

表4.2.2的宽度不含路缘带宽度。

4.2.3 四级公路的设计速度为30km/h、20km/h，机动车与非机动车的速度差异小，因此四级公路机动车与非机动车可以混合行驶，不设置非机动车道，路面可以加宽。最小宽度根据机动车、非机动车并行的最小宽度计算得到，机动车的最小通行宽度要求为2.75m，机动车与非机动车之间的安全横向距离取0.25m。

4.2.4 人行道宽度指人行通行净宽。城镇化地区绿化挤占交通空间的情况非常常见，设施带上的绿化不能侵占人行空间。

城镇化地区公路的非机动车、行人交通量低于城市道路，若分别设置非机动车道、人行道，总宽度会达到4.5m，造成占地资源的浪费，且通过调查日本、德国与美国的情况，均存在人行道与非机动车道合并设置的情况。考虑非机动车道的服务车型，提出人行道与自行车道合并设置、人行道与三轮车道合并设置的宽度要求。表4.2.4为建议的最小宽度。

4.2.5 辅路的主要功能是集散主路的交通，保障主路的干线功能，提高运行安全性与通行效率。

设计速度大于或等于80km/h，机动车运行速度较快，为了减少非机动车对机动车的运行干扰、提高非机动车的安全，宜设置侧分隔带。

4.2.6 路肩具有保护和支撑路面结构、为故障车辆提供临时停靠空间等功能。根据实地调研结果，城镇化地区多车道高速公路存在不设置硬路肩的情况，考虑到高速公路上车辆运行速度较高，且城镇化地区公路救援无法达到城市道路的救援速度，为了不妨碍其他车道车辆的安全顺利通行，高速公路保留硬路肩宽度的设置要求。城镇化地区高速公路受高峰小时的影响较大，本标准提出的双向四车道高速公路3.0m硬路肩宽度，参考了德国、美国的做法，在交通拥堵的高峰时段临时性地将硬路肩作为行车道使用，因此3.0m的硬路肩作为高峰临时通行储备。

城镇化地区单向三车道一级公路受车辆故障或交通事故影响不易造成交通堵塞，说明三车道的情况下外侧车道起到了硬路肩为故障车辆提供临时停靠空间的作用，因此仅需要设置具有保护功能和侧向余宽功能的硬路肩。硬路肩的取值是满足行车侧向余宽需要和发挥硬路肩保护功能的最小值。

4.2.7 《公路工程技术标准》(JTG B01—2014)规定土路肩具有为各类护栏、标志牌提供设置空间的作用。由于城镇化地区公路行车道外侧可能设置非机动车道、人行道等慢行交通设施，不需要设置土路肩保护路基或设置配套设施，因此非机动车道、人行道外侧设置边沟时应设置土路肩。

4.2.8 设置辅路的高速公路横断面图如图4-1所示，可以采用地面整体式横断面，也可以选用高架路的形式，分为整体式高架路（上下行在同一平面运行）和分离式高架路（上下行在不同平面运行）。

城镇化地区一级公路可以设置侧分隔带、辅路、非机动车道、人行道等与城市道路断面特征相同的组成部分。一级公路横断面主辅路设置在同一平面时，可以采用地面整体式横断面，也可以选用高架路的形式，分为整体式高架路（上下行在同一平面运行）和分离式高架路（上下行在不同平面运行）。图4-2a）表示未设辅路的一级公路横断面，设置人非系统时，可以根据需要设置非机动车道、人行道。辅路由行车道和路缘带组成。图4-2b）为设辅路的一级公路横断面，辅路外侧可以根据需要设置路肩、非机动车道、人行道。图 4-2 中标"＊"的表示该组成部分根据需要进行设置。

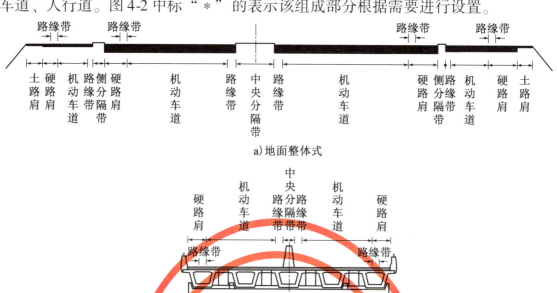

图 4-1 设辅路的高速公路横断面示例

a) 未设辅路的一级公路横断面示例

注：左半幅所示为未设非机动车道、人行道。

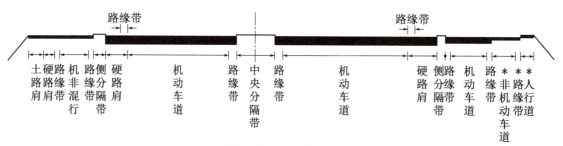

b) 设辅路的一级公路横断面示例

图 4-2 一级公路横断面示例

二级公路可根据实际需要增设慢车道、非机动车道、人行道、分隔带。慢车道在行车道外。图 4-3a）为未设置慢车道的二级公路横断面，可以根据需要在行车道外侧设置路肩、侧分隔带、非机动车道、人行道。图 4-3b）为设置慢车道的二级公路横断面，慢车道属于行车道，慢车道外侧可以设置侧分隔带、非机动车道、人行道。图 4-3 中标"＊"的表示该组成部分根据需要进行设置。

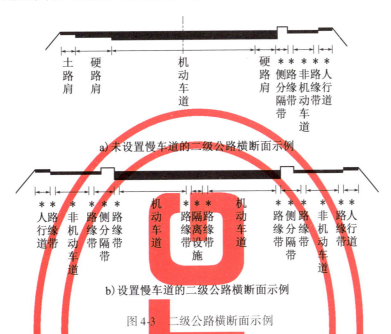

图 4-3 二级公路横断面示例

三级公路可以根据实际需要设非机动车道、人行道。图 4-4 为三级公路横断面，图中标"＊"的表示该组成部分根据需要进行设置。

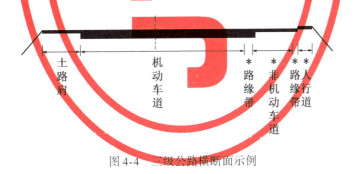

图 4-4 三级公路横断面示例

4.3 平面

4.3.1 设超高最小半径一般值采用了《城市道路工程设计规范（2016 年版）》（CJJ 37—2012）第 6.2.2 条的规定值。设计速度 50km/h 对应的最小半径极限值采用了《公路工程技术标准》（JTG B01—2014）4.0.17 条规定的参数计算得出。

不设超高最小半径采用了《城市道路工程设计规范（2016 年版）》（CJJ 37—2012）横向力系数取值 0.067，分别计算路拱横坡 2.0% 和 3.5% 时的半径。

《公路工程技术标准》（JTG B01—2014）不设超高的最小半径横向力系数取值

0.035~0.04（路拱小于或等于2%）、0.04~0.05（路拱大于2%），计算出的不设超高最小半径比表4.3.1中的值大。表4.3.1规定的不设超高最小半径，是为了与城镇化地区两侧建筑物高程配合，从而使街景更美观。

4.3.2 当由直线上的正常路拱断面过渡到圆曲线上的超高断面时，必须设置超高缓和坡段。《公路工程技术标准》（JTG B01—2014）主要以舒适性为原则设置超高，为了提高城镇化地区公路与城镇环境的协调性，平衡驾驶人的承受能力与协调感，本标准在计算最小圆曲线半径一般值和极限值时采用了表4-1所列横向力系数。

表4-1 设计速度与横向力系数关系一览表

设计速度（km/h）		120	100	80	60	50	40	30	20
最大横向力系数	一般值	0.067							
	极限值	0.10	0.12	0.13	0.15	0.15	0.15	0.16	0.17

城镇化地区的公路，考虑到非机动车、行人、排水、对两侧建筑物的影响等因素，不建议采用较大的超高横坡，故最大超高值可采用4%，与《公路工程技术标准》（JTG B01—2014）保持一致。

最大超高影响最小圆曲线半径的取值，超高值小圆曲线半径较大，难以适应城镇化地区公路的地形，因此设计速度80km/h、100km/h时最大超高可取6%。

4.3.3 主路与辅路平曲线最小长度根据《城市道路工程设计规范（2016年版）》（CJJ 37—2012）、《公路路线设计规范》（JTG D20—2017）综合取值。圆曲线长度一般值按设计速度的3倍取值。公路圆曲线长度除需满足设置回旋线或超高、加宽过渡外，还要求保留一段圆曲线，以保证汽车行驶状态的平稳过渡。《日本公路技术标准的解说与运用》中规定，圆曲线最小长度为车辆6s的行驶距离，能达到缓和曲线最小长度的2倍，这是一种极限状态，此时曲线为凸形曲线，驾驶人会感到操作突变且视觉不舒顺，因此最小平曲线长度理论上要求不小于3倍缓和曲线最小长度，即保证设置最小长度的回旋线后，仍保留一段相同长度的圆曲线。因此，将缓和曲线的2倍作为"极限值"。

4.4 纵断面

4.4.1 机动车道最大纵坡比《公路工程技术标准》（JTG B01—2014）的规定降低1%，采用《城市道路工程设计规范（2016年版）》（CJJ 37—2012）的规定。主要原因在于：一是城镇化地区公路沿线通行能力、服务水平变化大，交叉密度高，纵坡过大导致车辆运行环境更复杂，多因素耦合容易引发交通事故，会导致更严重的后果，因此标准中要求更严格的最大纵坡；二是纵坡大噪声高，城镇化地区对噪声更敏感，因此提高了标准要求。机非混行时，非机动车爬坡能力弱，所以考虑非机动车爬坡能力。

4.4.2 城镇化地区公路中非机动车主要是指自行车和三轮车,其爬坡能力低,车道需考虑恰当的纵坡度,机动车和非机动车混行的车行道一般按非机动车的爬坡能力控制纵坡。该条规定与《城市道路工程设计规范(2016年版)》(CJJ 37—2012)一致。

4.4.3 城镇化地区公路的最小纵坡是能保证排水和防止管道淤塞所需的最小纵坡,其值为0.3%。若纵坡小于最小纵坡值,则管道的埋深必将随着管道的长度而加深,为避免其埋设过深所致的土方量增大和施工困难,且路面采用集中排水时容易造成路面边缘积水,所以规定城镇化地区公路的最小纵坡不宜小于0.3%。对于一些穿越村庄的农村公路,公路两侧没有排水条件,无法设置排水设施时,宜利用纵坡排水,纵坡坡度不宜小于0.3%。

4.4.4 辅路机动车道的最大坡长采用《城市道路工程设计规范(2016年版)》(CJJ 37—2012)的规定。

4.4.5 辅路竖曲线最小半径和长度的计算原理与方法见《公路工程技术标准》(JTG B01—2014)的第4.0.22条。

5 路基路面

5.0.1 城镇化地区公路排水和普通公路有区别，需和城镇的市政工程排水系统相衔接。

5.0.3 机动车道和辅路的路基需符合公路路基的技术标准，独立设置的非机动车道和人行道在保证路基强度和稳定性要求的前提下，可以适当降低路基压实度标准，可按机动车道降低一个等级执行，整体式路基段一般不降低路基压实度标准。

5.0.5 公交停靠站、平交口处车辆速度变化频繁，特种车辆载重较大，易引起路面车辙，因此需对路面结构进行特殊设计。

6 桥涵

6.0.1 考虑到城镇化地区的特点，本条强调桥涵设计应考虑城镇规划的需求。

6.0.2 考虑到桥涵安全对城镇化地区交通的重要性，本标准规定桥涵设计洪水频率采用现行《公路工程技术标准》（JTG B01）的规定。在部分城镇化地区，有时会遇到建桥地区总体防洪标准低于现行《公路工程技术标准》（JTG B01）所要求的桥涵设计洪水频率的情况。若仍按此高洪水频率设计，桥面高程可能高出原地面很多，引起布置上的困难，比如拆迁过多、接坡太长或太陡、工程造价剧增等。此时，一般不直接套用公路工程技术标准，可结合城市防洪规划综合考虑，按照相交河道或沟渠的规划洪水频率来确定桥涵设计高程，并进行专门的防洪评价。而从桥涵结构的安全考虑，结构设计中的墩、台基础埋置深度、跨径的大小、洪水时结构的安全稳定等，仍需按照现行《公路工程技术标准》（JTG B01）规定的洪水频率进行计算。这里参考了《城市桥梁设计规范》（CJJ 11—2011）的相关规定。

6.0.3 桥面的布置和净空需符合现行《公路工程技术标准》（JTG B01）的规定。考虑到城镇化地区分隔带宽度的多样性，路桥不同宽时，桥梁与桥头引道的线形应顺适衔接，并具有足够的过渡段长度。

6.0.4 《公路工程技术标准》（JTG B01—2014）有关桥梁及其引道纵坡的规定，从多年应用的情况来看，总体上是适宜的，这里继续沿用。

对于城镇化地区混合交通繁忙处的桥梁，考虑到非机动车辆的行车安全，参考了《城市道路工程设计规范（2016年版）》（CJJ 37—2012）的相关规定。

在冰雪条件下，与公路路面相比，桥面上更易结冰，冰雪更难消融，从保障行车安全的角度出发进行规定。

6.0.5 本标准遵照《公路工程技术标准》（JTG B01—2014）的规定。城镇化地区桥梁结构在非机动车道与机动车道相连接的情况下，非机动车道在某些情况下会通行机动车辆，故其设计荷载宜按汽车荷载考虑。

6.0.6 对桥上或涵洞、通道内敷设的管线作出规定主要是为了确保桥梁结构或涵洞、通道的运营安全,避免发生危及桥梁、涵洞、通道自身和在桥梁上或通道内通行的车辆、行人安全的重大燃爆事故。本条参照了《城市桥梁设计规范(2019年版)》(CJJ 11—2011)的相关规定。

7 隧道

7.0.2 高速公路和控制出入的一级公路具有干线过境运输功能，高速公路和控制出入的一级公路设计速度通常为100km/h，受地形、地质条件限制时采用80km/h。交通量大，一旦发生事故可能对路网运行产生较大影响。高速公路和控制出入的一级公路与快速路衔接。《城市地下道路工程设计规范》（CJJ 221—2015）第4.3.2条规定，城市地下快速路严禁在同孔内设置非机动车道或人行道。因此，无论隧道长短均从行车安全的角度规定了严禁在同孔内设人行道和非机动车道。

7.0.3 综合考虑城镇化地区公路隧道功能定位，以及行人和非机动车对于通行隧道的不同需求，对于不控制出入的一级公路与二级至四级公路隧道，可以根据周边行人和非机动车交通量设置人行道和非机动车道。

根据国内公路隧道调研情况和城市道路隧道相关规定，参考《城市地下道路工程设计规范》（CJJ 221—2015）第4.3.3条、《城市道路工程设计规范（2016年版）》（CJJ 37—2012）第13.3.4条规定，明确了长度超过1 000m时不得在同孔内设置非机动车道或人行道。

7.0.4 考虑到隧道内环境特殊，视野、照明条件相对隧道外均有较大差异，通行行人和非机动车时，其风险相对较高。从保护行人和非机动车角度考虑作出相关规定。因为隔离设施设置受隧道实际条件等多方面因素影响，仅提出功能性要求，不对其形式作出要求。

隧道检修道宽度满足非机动车道或人行道宽度要求，满足机动车道与非机动车道或人行道间隔离设施设置要求时，可以将其作为非机动车道或人行道。

隧道改扩建时，若既有隧道设置有硬路肩，硬路肩宽度满足要求，且满足机动车道与非机动车道或人行道间隔离设施设置要求时，可以将其作为非机动车道或人行道。

隧道内通行非机动车或行人时，隧道洞口内外非机动车道或人行道宜衔接顺适，以保持隧道内外非机动车与行人通行的连续性。

7.0.6 通行行人或非机动车隧道纵坡规定主要参考《城市道路路线设计规范》（CJJ 193—2012）第7.2.3条规定：非机动车道最大纵坡不宜大于2.5%；困难时不应大于3.5%。因此，在条件受限制时，经论证可以把纵坡放宽至3.5%。

7.0.7 结合公路和城市道路隧道相关规范《公路隧道设计规范 第一册 土建工程》(JTG 3370.1—2018)、《城市地下道路工程设计规范》(CJJ 221—2015)、《城市道路工程设计规范（2016年版）》(CJJ 37—2012)的规定，对隧道洞口排水作出要求，特别是隧道内高程比两端地面低的下穿式隧道。

7.0.8 隧道内通行行人、非机动车时，对防灾救援和安全疏散提出了更高要求，参考《城市道路工程设计规范》(CJJ 37—2012)第13.3.11条规定，明确了防火要求应符合现行《建筑设计防火规范》(GB 50016)的相关规定。

7.0.9 根据国内公路隧道调研情况和城市道路隧道相关规定，参考《城市地下道路工程设计规范》(CJJ 221—2015)第4.3.3条，考虑行人需求，对隧道内空气环境提出了要求。公路隧道长度小于200m时可以不设置照明，但考虑到通行行人或非机动车道时，行人和非机动车对照明的需求，以及从保障隧道内行车安全、降低交通事故风险角度出发，参照《城市道路交通设施设计规范》(GB 50688—2011)第11.1.11条规定，只要通行行人或非机动车，无论长短均需设置照明。公路行业规范对照明提出要求的按公路行业规范执行，没有要求的，可以参照城市道路相关要求执行。

7.0.10 参考《城市道路工程设计规范（2016年版）》(CJJ 37—2012)第13.3.10条规定，对隧道管理用房作出相关规定。

8 路线交叉

8.1 公路与公路、城市道路平面交叉

8.1.1 无信号交叉采用车均延误和饱和度作为服务水平的评价指标。延误指标可以反映驾驶人通过平面交叉的直观感受，延误与饱和度在一定范围内存在指数关系，随着饱和度增加，延误增加显著；服务水平是针对次级流向定义的，当次级流向服务水平达到或超过五级时，车辆强行穿插通过平面交叉的概率会增加，降低平面交叉运行安全性，此时，需对平面交叉进行改善。

信号交叉的服务水平是平面交叉服务于公路使用者质量的评价指标，可以通过延误、饱和度、信号周期时长、停车次数等指标评价。目前，我国公路信号平交口信号周期时长有逐渐增加的趋势，影响了平面交叉的通行效率。为了保证通行效率，采用车均延误作为其服务水平的主要指标，信号周期作为辅助指标。

8.1.2 四级公路平面交叉间距不做规定。沿线接入辅路的平交口间距不做要求。机耕道、街巷、沿线企事业单位与厂矿出入口、加油加气站出入口、村庄与居民小区出入口等与公路相接定义为接入口，不受该规定限制。平面交叉最小间距和最大密度指标对信号控制平交口和无信号控制平交口均适用。

调研发现，各地在确定公路是干线还是集散功能时，普遍存在困惑。现行《公路工程技术标准》（JTG B01）推荐根据规划区的实际情况，结合适应地域与路网连续性、路网服务指数、期望速度、出入控制等指标自行确定。同一功能类别的公路一般不只对应一个技术等级的公路。由于城镇化地区交通出行分布不均，在确定功能时，还需结合交通出行特点进行分析。

车辆左转和被交路直行是影响平面交叉运行安全和通行效率的主要因素。因此提出右出右进控制平面交叉形式（图 8-1），即采取措施使主路车辆不能左转、被交路驶入车辆只能右转。结合《城市道路交叉口设计规程》（CJJ 152—2010）各类平交口最小间距不宜小于 150m 的规定，确定右出右进控制平面交叉最小间距。

支路合并并不能解决非机动车与行人通行量大，对机动车干扰的问题，况且城镇化地区空间有限，支路合并很难实现。因此城镇化地区公路仍然首先推荐采用右出右进控制、设置辅路（一级公路）或慢车道（二级公路）等形式。设置辅路可有效减少路侧和密集接入干扰，满足慢行车、非机动车与行人交通通行的需求。美国 AASHTO-2018 认为辅路可控制通往主路的交通，并将本地交通与高速交通分隔开来，主路的贯通性得

以保留，且不受公路两侧后续发展的影响。右出右进控制可以满足平交口间距与通行效率的需求，对于二级公路设置慢车道路段，路面中央设置隔离设施，车辆可以利用行车道和慢车道超车，满足效率要求。封闭中央隔离设施开口可以实现右出右进控制。

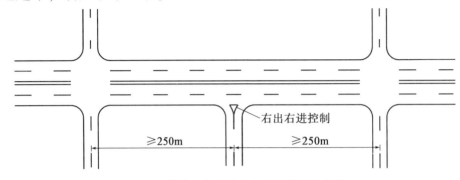

图 8-1 集散一级公路右出右进控制示意图

本条中各款规定在满足交叉间距要求所采取的措施上逐级降低。城镇化地区交叉密集路段，可以通过右出右进控制、设置辅路连接各支路口，确保公路交叉间距满足要求，或采用立体交叉的形式通过城镇化地区路段。没有空间和条件时，可以采取限速、加强执法与管控等措施，提升路段交通秩序。

8.1.4 左转弯车道是指设置在平面交叉入口引道处，供左转弯车辆减速停车等待的专用车道。右转弯车道是指设置交通岛后渠化出的供右转弯车辆减速转弯的专用车道。

《城市道路交叉口设计规程》（CJJ 152—2010）对城市道路平交口专用道渐变段长度和展宽段长度进行了规定。公路规范中变速车道长度规定相比城市道路标准要长很多。结合城镇地区特点和信号灯设置，对城镇化地区公路变速车道长度进行适当修正。

8.1.5 城镇化地区公路平面交叉交通量大，信号控制设置需求高。但目前城镇化地区公路平面交叉采用信号控制的效果有待进一步总结，其设置条件与要求有待根据应用情况进一步规范。考虑城镇化地区公路交通特点，可以参考《道路交通信号灯设置与安装规范》（GB 14886—2016）的相关规定，当平面交叉机动车高峰小时流量超过表 8-1 所列数值时，选用信号交叉交通管理方式。

表 8-1 路口机动车高峰小时流量

主要公路 单向车道数（条）	次要公路 单向车道数（条）	主要公路双向高峰 小时流量（PCU/h）	流量较大次要公路 单向高峰小时流量 （PCU/h）
1	1	750	300
		900	230
		1 200	140
1	≥2	750	400
		900	340
		1 200	220

续表 8-1

主要公路 单向车道数（条）	次要公路 单向车道数（条）	主要公路双向高峰 小时流量（PCU/h）	流量较大次要公路 单向高峰小时流量 （PCU/h）
≥2	1	900	340
		1 050	280
		1 400	160
≥2	≥2	900	420
		1 050	350
		1 400	200

注：1. 车道数以平面交叉进口 50m 以上的渠化段或路段数计。
  2. 在无专用非机动车道的进口，需将该进口进入路口非机动车流量折算成当量小汽车流量并统一考虑。
  3. 在统计现有次要公路单向流量时，需取每一个流量统计时间段内两个进口的较大值累积。

信号设置条件除机动车交通量大以外，还需包含非机动车与行人流量指标。公路非机动车与行人流量比城市道路要少，但由于机动车与非机动车行驶速度高，风险仍然较大，可以参考《城市道路工程设计规范（2016 年版）》（CJJ 37—2012）关于自行车道与人行道服务水平分级标准的规定。当平面交叉非机动车道或人行横道高峰小时服务水平达到二级时，推荐选用信号交叉管理方式。

根据调研，广东、江苏等地城镇化地区公路设计速度超过 60km/h 设置信号灯的情况较为普遍，运行情况也较好。为保证运行效率，这里从交叉间距角度提出要求。

8.1.6 起渠化平面交叉作用的交通岛按结构类型，可以分为实体岛和隐形岛等。实体岛采用缘石围成，对交通流作强制性分隔，可以用作安全岛，为行人和非机动车提供安全避让空间。隐形岛为在路面上由导流标线示出的区域，适用于交通岛面积较小，或不适宜采用强行分隔交通的情况。

根据几何构造和渠化程度的不同，可以将平面交叉划分为三级，见表 8-2。公路技术等级越高或设计速度越高，平面交叉的渠化分级也越高。城镇化地区人流车流密集，平面交叉渠化与交通组织设计要加强。

表 8-2 平面交叉分级

交叉级别	名 称	几 何 构 造
Ⅰ	简单交叉	非展宽式路口，不设置左右转车道和转角交通岛，进出口车道数与基本路段一致
Ⅱ	设左转弯车道交叉	展宽式路口，进口道拓宽设置左转弯车道
Ⅲ	设转角交通岛交叉	进口道拓宽设置左转弯车道，转角设置交通岛分隔的右转道

8.1.7 非机动车与行人流量是行人过街设施形式选择的关键因素之一。设置人行天桥与人行通道虽然可以消除平面过街设施对公路的影响，但也要考虑建设成本和效益，如果过街非机动车与行人不多，建设的成本效益偏高，设置的意义就不大。参考《城

市道路工程设计规范（2016年版）》（CJJ 37—2012）关于自行车道与人行道服务水平分级标准，推荐当非机动车或行人高峰小时过街需求达到二级服务水平时，选用人行天桥或人行通道。

考虑六车道及六车道以上断面一级公路和设计速度较高的各级公路，断面较宽，行车速度较高，过街时间长，为避免事故与延误，规定这些设施不能单独设置人行横道。但平面交叉距离较远时，过街需求较难通过下游平面交叉掉头的方式解决，非机动车与行人逆行安全风险提高。考虑建设天桥和地下通道的成本效益，仍有必要单独设置人行横道。但非机动车或行人高峰小时过街需求建议低于二级，以降低行人频繁穿越对主路通行效率和安全的影响，且设置独立的人行横道后，与相邻平面交叉间距需满足右出右进控制交叉间距规定值的要求。

8.1.8 为保证主路运行秩序和效率，主辅路出入口、相邻侧分隔带开口、平面交叉、互通式立体交叉出入口，相互之间的间距不能过小，需结合车道功能满足车辆视认、变道、转向等需求。

平面交叉进口道上游设置主路出口，是为了满足主路车辆右转需要，以避免平面交叉处右转车辆与辅路直行车辆交织冲突。平面交叉出口道下游设置主路入口，是为充分利用辅路，减少平面交叉处被交路右转车辆对主路直行车辆的影响。

出口匝道起点上游设置主路入口是为了满足辅路车辆通过互通式立体交叉转向需要。入口匝道下游设置主路出口，是为了被交路驶入车辆进入辅路。

辅路左转对平面交叉交通秩序影响较大，可以通过专用的左转信号相位，或先驶入被交路，然后下游掉头驶回平交口并直行的方式满足。

《城市快速路设计规程》（CJJ 129—2009）要求主辅路出入口连接的两条道路，在快速路主路上必须设置变速车道，相接道路宜增设一条车道，保证快速路进出通畅。快速路与城市干道网其他等级道路间的交通转换，很大一部分是依靠主辅路之间的出入口实现的。调研发现，大部分公路辅路均兼顾了城市道路功能，因此提出以上要求。

8.2 公路与公路、城市道路立体交叉

8.2.1 转向交通需求较大的平面交叉，为降低交通流冲突、提升非机动车与行人通行安全性和运行效率，宜采用互通式立体交叉。考虑道路功能、交通流特性等因素，公路与城市道路的一般对应关系是：高速公路和作为干线的一级公路对应城市快速路，作为集散的一级公路对应城市主干道，二级公路对应城市次干道，三级公路对应城市支路。

城镇化地区将二级公路的地位提升，满足城镇化地区设置高架道路的需求。调研表明，过境直行交通量大、货车比例高是城镇化地区公路的主要特点，也是设置立体交叉的直接原因。公路上跨的分离式立体交叉可以同时满足公路净空需求与被交城市道路非

机动车道与人行道纵坡需求。

8.2.2 美国 *A Policy on Geometric Design of Highways and Streets*（2018）规定乡村地区互通式立体交叉的最小间距为 3km，市区应为 1.5km，少于 1.5km 时，可以设计分离式匝道或增设辅助车道。《城市道路路线设计规范》（CJJ 193—2012）规定市区最小间距为：枢纽立体交叉间距 3.0km、枢纽立体交叉与一般互通式立体交叉 2.4km、一般互通式立体交叉 1.8km（最小控制 1.5km）。参考以上标准，按照六车道高速公路设计速度 80km/h 计算，考虑变速车道长度、出入口净距等因素，本标准确定城镇化地区互通式立体交叉间距。

《公路立体交叉设计细则》（JTG/T D21—2014）给出了互通式立体交叉间距不满足要求时的净距指标。

美国 *A Policy on Geometric Design of Highways and Streets*（2018）中高速公路设置集散道，是为了消除干线、高速公路的交织，满足进出高速公路需求的同时，减少直行车道上的进出口数量。集散道可以设置在单个互通式立体交叉内，或通过两个邻近互通式立体交叉，还可以连续通过多个互通式立体交叉。

利用辅助车道连接的形式，会形成局部更多车道的断面，虽然满足了通行能力要求，但从安全运行角度分析，若缺少专项分合流诱导与交通组织设计，容易形成严重的交织运行，影响断面整体效率发挥。为避免这一情况，规定设置辅助车道的情况下应进行专项分/合流诱导与交通组织设计。

8.2.3 城镇化地区高速公路和干线一级公路过境交通、集散交通、客运交通、货运交通等需求各不相同，应结合路网布局、出行预测、道路功能等因素对横断面交通组织、出入口位置进行论证分析。

主辅路出入口与互通式立体交叉出入口过近，容易形成交织运行，严重影响运营安全与效率。但目前尚无成熟的研究成果，一般可以按 2km 出口预告标志的设置需求确定间距。特殊限制情况下，一般不小于 1 000m。

8.2.4 城镇化地区用地限制因素多，因此互通式立体交叉宜选用占地小、布局简单的形式，如菱形、部分菱形、部分苜蓿叶形等，将交通转换功能区设置在被交路一侧。

受地形地物或投资等条件限制难以布设直连式、半直连式左转匝道时，可以通过"被交路右出右进＋平交口掉头"的方式实现。

实际经验表明，即使设置了集散车道，全苜蓿叶形立体交叉仍不是最佳的立体交叉形式，因此转向交通量较大形成交织明显的情况下，不推荐全苜蓿叶形立体交叉。立体交叉宜采用先出后入的布局，避免在主路上形成交织区。

左进或左出形式的匝道在部分地区有一定的成熟应用，可以显著降低互通的复杂程度，适应城镇化地区用地紧张的现状。但左出形式与驾驶人期望不一致，故规定应结合转向交通量、交通组成、视距、变道距离等因素，对安全性进行论证后采用。编制单位在黑龙江省交通运输厅科技项目"左进、左出匝道设计关键技术研究"得到以下结论，供左进左出匝道设计时参照。

（1）为减小速度差，左进左出匝道宜采用直连式或半直连式，设计速度宜取高值。环形匝道应慎用。

（2）为增加容错空间，左进左出匝道连接部均应采用平行式。

（3）经研究，左进左出匝道变速车道长度应相应延长30~85m。

非机动车与行人对纵坡要求高，因此非机动车道与人行道宜设置于地面层，减少纵坡指标与互通式立体交叉规模。互通式立体交叉区域机动车与非机动车及行人设置于同一平面混行时，在匝道出入口易相互冲突。需结合相关冲突流量，对非机动车道与人行道采用立体分离形式还是平面混行形式进行分析。参考《城市道路工程设计规范（2016年版）》（CJJ 37—2012）关于自行车道与人行道服务水平分级标准，推荐当非机动车或行人高峰小时流量达到二级服务水平时，选用立体分离形式。

8.2.5 受城镇化地区用地限制影响，公路互通式立体交叉布设较困难，各地对降低城镇化地区设计标准的呼声较高。《城市道路工程设计规范（2016年版）》（CJJ 37—2012）规定，立体交叉范围内主线线形指标不应低于路段设计的一般值，有条件时尽量取高值。城市道路目前对立体交叉范围的线形指标缺少相关研究，若采用公路标准，由于城市道路立体交叉及进出口间距较密，交通运行状态与公路不一致，建设条件制约因素较多，很难按其规定值实施。《城市快速路设计规程》（CJJ 129—2009）对出入口路段的主路平纵面设计指标没有明确规定，仅要求出入口附近的平曲线、竖曲线应采用较大的半径，出入口宜设在平缓路段，设置出入口处纵坡度不应大于2%。综合公路与城市道路标准对互通式立体交叉的规定，为确保安全过渡，本标准参考国外相关规范，对互通式立体交叉范围内的主线设计指标进行调整，提出了推荐值（表8-3）。

表8-3 互通式立体交叉范围内主线线形指标推荐值

设计速度		120km/h	100km/h	80km/h	60km/h
变速车道路段圆曲线最小半径（m）	一般值	1 400	1 000	600	300
	极限值	1 000	700	400	200
互通式立体交叉范围凸形竖曲线最小半径（m）	一般值	31 000	21 000	12 000	6 000
	极限值	18 000 (25 000)	13 000 (17 000)	6 000 (7 700)	3 000 (4 200)
互通式立体交叉范围凹形竖曲线最小半径（m）	一般值	12 000	9 000	6 000	3 000
	极限值	8 000	6 000	4 000	2 000
变速车道路段最大纵坡（%）	一般值	2	3	4	5 (4.5)
	最大值	3	4	5 (4)	5.5 (5)

注：在分流鼻端前识别视距控制路段，主线凸形竖曲线最小半径取表中括号内的值。当互通式立体交叉位于主线连续长大下坡路段底部时，减速车道下坡路段取表中括号内的值。

为避免出口连接部主线与匝道超高差值过大，需对主线圆曲线半径进行约束，规定一般值按超高4%取值，极限值按超高5%取值。当匝道转向与主线不一致时，需增设路拱线提供超高过渡空间，此时，圆曲线半径建议取一般值。

设计速度大于80km/h时，凸曲线半径一般值和极限值，按1.2m视高和0.6m物高（车辆尾灯高度），以满足识别视距为标准计算得出。识别视距范围内的凸曲线半径（括号内指标）参考美国AASHTO市郊道路决策视距值计算得出。设计速度小于或等于80km/h时，凸曲线半径一般值和极限值沿用现行标准，在分流鼻端前识别视距控制路段，凸形竖曲线最小半径按1.2m视高和0.6m物高（车辆尾灯高度），以满足识别视距最小值为标准计算得出。

凹曲线半径一般值按基本路段极限值的3倍确定，极限值按基本路段的2倍确定。

最大纵坡指标一般值按现行《公路立体交叉设计细则》（JTG/T D21）极限值控制，最大值按一般路段最大纵坡指标控制，总体相比现行规定增加0.5%~1%。设计速度为60km/h时，增加0.5%，限制在6%以内。当主要公路以较大的下坡进入互通式立体交叉，且所接的减速车道为下坡，同时，后随的匝道线型指标较低时，主要公路的纵坡不能大于一般值。与《城市道路交叉口设计规程》（CJJ 152—2010）相比，此处规定的纵坡指标最大值比其小1%。

调研发现，目前城镇化地区公路仍存在个别受限路段难以满足指标要求的情况，尤其是主线竖曲线指标、连接部形式与变速车道长度等。由于现行标准中规定的指标考虑了一定的设计服务水平，在未达到该条件前仍有一定的适用空间，因此要求进行安全论证。

《城市道路交叉口设计规程》（CJJ 152—2010）规定双车道匝道出入口既可以采用直接式，也可以采用平行式。为便于城区路段公路与城市道路交叉时灵活设计，本标准未明确出入口具体形式。

《城市快速路设计规程》（CJJ 129—2009）对变速车道长度的规定比公路标准要低一些，其中单车道变速车道和渐变段小30m左右，双车道减速车道小60m左右，双车道加速车道小90m左右。因此本标准规定，用地受限时，变速车道可利用主路硬路肩或辅路部分宽度。

8.2.6 城镇化地区受用地、拆迁、投资等影响，难以布设线型指标较高的匝道，因此需要降低匝道设计速度。考虑到与主线设计速度的差值不能过大，因此主线设计速度小于100km/h时，匝道最低设计速度取值相比《公路工程技术标准》（JTG B01—2014）可以降低10km/h。

《城市道路交叉口设计规程》（CJJ 152—2010）对匝道最大纵坡值的要求比公路标准高2%，且没有上坡下坡和出入口的区别。《公路立体交叉设计细则》（JTG/T D21—2014）规定当地形特殊困难时，在非积雪冰冻地区，出口匝道上坡和入口匝道下坡可增加2%。对于枢纽立体交叉，出口与入口是相对的，难以准确对应，因此本标准提出通行能力与速度差的论证要求，是为了避免形成通行能力瓶颈和在入口处因速度差过大导致高风险。

调研发现，部分省份已要求新建互通式立体交叉、大部分改建的单向单车道匝道断面采用10.5m宽度，以预留交通量增长后改造为双车道匝道的条件。城镇化地区交通量大，且受被交路信号等影响，易拥堵至主路，因此宜采用双车道匝道来提高交通适应性。

8.2.7 《城市快速路设计规程》（CJJ 129—2009）对匝道坡脚至平交口停车线的距离有明确的计算方法和规定。下匝道的距离太短，将造成匝道左（右）转车辆和地面道路右（左）转车辆难以交织运行，使交通发生混乱，平交口通行能力下降，而距离过长则增加不必要的投资。对上匝道也必须有足够的距离，以满足平交口各转向车流在上匝道前的交织。在平交口交通饱和前，下匝道坡脚至平交口停车线的距离，由红灯期间的车辆排队长度以及匝道左（右）转和地面道路右（左）转车辆转换车道所需的交织长度两部分组成。一般采用大于或等于140m，在特殊困难路段不小于100m。上匝道坡脚至平交口停车线的距离，只要保证横向道路和对向车流掉头上匝道所需的交织长度即可，一般采用50~100m。由于公路货车比例高，外廓尺寸大，匝道末端与平面交叉间存在交织影响，因此间距一般比城市快速路规定长。这里"特殊困难路段"指受地形、路侧条件等影响的路段。

8.2.8 调研发现，部分省份的若干公路快速化改造项目受用地限制影响，大部分互通采用菱形形式，匝道末端与辅路平面交叉连接，导致平面交叉出入口引道很多。匝道末端允许向辅路变道位置与平面交叉停车线间距较小时，车辆缺乏足够空间安全变道，易导致平面交叉冲突，故应加强平面交叉渠化设计与车道管理。

《城市快速路设计规程》（CJJ 129—2009）指出，上下匝道坡脚距平交口停车线距离经过分析及公式运算所获得的是理想的计算数值，有时并不能完全符合实际情况，主要是由于车流量预测不足，导致计算的交织长度和停车长度不够。尤其是下匝道位置偏在道路外侧，需要左转时，变换的车道过多。而地面道路车辆右转也会与下匝道的车辆交织，上述因素致使下匝道至平交口间的行车混乱。上匝道距离路口则可以短一些，但若上坡点与路口之间在对向行车设置掉头车道时，则需使掉头后的车辆能驶入匝道，此时匝道离路口就需要远一些。

为避免出现以上问题，匝道末端与辅路一般根据实际情况设置转向车道。如出口匝道车道与辅路各自连接左转、直行、右转车道，避免车辆连续变换两条及两条以上车道，通过合理调配信号周期降低车辆连续变道频率，提高运营效率与安全。出入口匝道与平面交叉相互关系如图8-2所示。

出口匝道末端及入口匝道起始段在横断面上的布设位置，需根据上下游各方向交通流的大小与比例，进行合理布设。

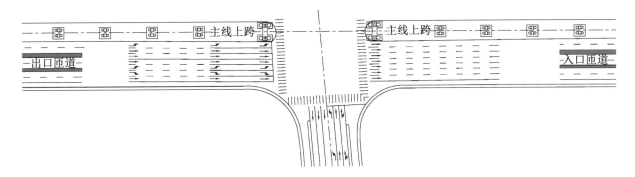

图 8-2　出入口匝道与平面交叉相互关系示意图

进入匝道的车辆中来自上游平面交叉的左转交通量大时，入口匝道一般布置在靠近左转车来向与直行车来向的路径上；反之，则一般布置在右转车来向与直行车来向的路径上。驶出匝道的车辆中去往下游平面交叉左转的交通量大时，出口匝道一般布置在靠近左转方向与直行方向的路径上；反之，则一般布置在右转方向与直行方向的路径上。

公路上跨地方道路设置菱形互通时，桥下匝道左转视距易受桥墩影响，导致与被交路直行车辆冲突事故。采取封闭中分带开口禁止左转措施，可以有效遏制事故。左转交通可以通过下游平面交叉掉头的方式实现。

8.3　公路与轨道交通交叉

8.3.1　轨道交通分为铁路与城市轨道交通两大类。《公路工程技术标准》（JTG B01—2014）中规定了公路与铁路交叉的内容，城镇化地区没有特殊的规定。本标准主要对公路与城市轨道交通交叉进行规定。

《城市公共交通分类标准》（CJJ/T 114—2007）中，将城市轨道交通分为地铁、轻轨、单轨、有轨电车、磁浮、自动导向轨道和市域快速轨道等七大系统，并规定，因城市轨道交通行车间隔时间短，车流密集，为了保证轨道与道路的通行安全，要求城市各级道路与除有轨电车道外的城市轨道交通线路交叉时，必须设置立体交叉。有轨电车道与城市次干道、支路同属城市地面交通系统，且交叉较频繁，考虑次干道、支路的车流量一般比城市快速路、主干道要小，行车速度也较低，故其相交时以设置平面交叉为宜，可以节省大量工程投资，并减小对周边环境和城市景观的影响。

结合以上规定，并参考上海地方标准，按照有轨电车可以采用平面交叉、其他轨道交通采用立体交叉两种情况分别要求。

8.3.3　相比铁路，有轨电车轨道宽度与高度较小。《城市道路工程设计规范（2016年版）》（CJJ 37—2012）指出，非机动车的车轮仍存在陷入轮缘槽内的不安全因素，因此交叉角度需满足45°要求，以缩短道口的长度和宽度。

参考《城市道路工程设计规范（2016年版）》（CJJ 37—2012），考虑有轨电车速度低，同时城市道路条件的诸多实际困难，对平曲线半径、直线段长度不做严格规定，可以因地制宜确定，但应符合平面交叉视距规定。

有轨电车站点一般设置在平面交叉处，便于行人通行。《城市道路工程设计规范(2016年版)》（CJJ 37—2012）规定，应作好平交道口的交通组织设计，处理好车流、人流的关系，合理布设人行道、车行道及有轨电车车站出入通道，并应按规定设置道口信号、行车标志、标线等交通管理设施。

8.3.4 城镇化地区土地资源紧缺，各种交通方式共用走廊带，采用复合通道是大趋势，两者之间在充分预留安全运行、检修空间和未来发展空间的前提下，其间距可以适当缩减甚至重叠，以提高土地利用率。

9 交通工程及沿线设施

9.1 交通安全设施

9.1.1 指路标志上高速公路编号可以按图9-1所示表示主路、辅路。

图9-1 高速公路主路设置的去往辅路的路上方指路标志示例

设置了非机动车道，机非之间是侧分隔带或其他隔离设施，机动车道、非机动车道设置车行道边缘线，有利于驾驶人、骑行者保持与隔离设施的距离。

单车道公路机动车、非机动车和行人混行，在路面边缘施划车行道边缘线，有助于道路使用者识别道路边缘。

9.1.2 一级公路，车辆从靠近中分带的车道驶出路外，在中分带可以停车或驶回公路的带状区域满足净区宽度要求时，则不需要设置中分带护栏。

高速公路、一级公路的主路、辅路之间净区宽度以速度快的主路计算。

路侧净区的规定见《公路交通安全设施设计规范》（JTG D81—2017）附录A。

这里"速度"为设计速度或运行速度。

一级公路、二级公路，由于平交口、非机动车与行人横穿等影响，车速一般低于80km/h，如果满足视距要求，尤其是有照明的条件下，护栏的使用并不广泛，除非是在路侧风险较高的地方，如跨越城市道路、轨道交通等。三级、四级公路乡镇路段，设计速度为40km/h或更低，事故风险较低。

表中护栏等级为最低防护等级，需考虑速度、美观、方便结合成本效益分析，选取护栏等级。

9.1.3 车辆对撞的安全速度为70km/h，设置了慢车道的二级公路，速度为80km/h时，通过隔离设施可以减少对撞事故。隔离设施可以是弹性柱、分道体等设施，使用栏杆时，注意栏杆的材质及构造，避免车撞时构件对乘员的伤害。

城镇化地区公路在不希望非机动车与行人横过公路的地方，可以设置隔离网等隔离设施，可以设在中央分隔带、侧分隔带上。通过管理措施可以防止的，则不需要设置。

人行栏杆设置在有行人或非机动车跌落危险的区域，如人行道或非机动车道与一侧地面存在高差、桥梁上人行道或非机动车道外侧等。

9.1.4 分隔带开口处隔离设施、灌木等不应影响视距。

9.1.5 防眩设施能防止对向车辆的眩光，使车辆在夜间舒适、较快行驶。未设置防眩设施的一级公路，白天和夜间的驾驶感受都与郊外设置了防眩设施的一级公路不同，这有利于提示驾驶人进入了不同的行驶环境，使其注意控制驾驶速度。

9.1.6 考虑节约用地、提高安全，城镇化地区公路护栏可以与桥墩、声屏障、防落网等进行一体化设计，这样做也更加经济。

9.1.7 公路与城市道路设计车辆总高均为4m，但在最小净空高度的规定上不一致，高速公路、一级和二级公路采用5m，其他等级公路采用4.5m。城市道路采用4.5m，部分净宽也存在差异，因此提出了公路与城市道路衔接段如果有限界发生变化时，要做必要的提示。

9.2 服务设施

9.2.2 城镇化地区公路服务设施的规划和布设，需要与城郊铁路、城市轨道交通等设施相结合，确保与之协调和衔接；结合所在地区的供水、供电、供气、排污、通信等管网规划情况，为服务设施的建设和运行创造有利条件。

相当多的城镇化地区公路扮演着公路接入城市交通网"过渡段"的角色，其交通运行受到城市道路和城市轨道交通规划布局和运行状态影响较大，其与城市交通网的衔接点往往成为交通方式转换的节点，停车、加油（加气、充电）等各类服务的需求较高。一些大型、特大型城市，为了调节城区交通需求，采取分时段"限货""限外地牌照车辆"等通行措施，在公路与城市交通网的衔接点发生货车等受限车辆集中停车等待的情况（主要是进城方向）。城镇化地区公路服务区与停车区、服务站与停车点的设置，要充分考虑这些因素，合理设置。

9.2.3 高速公路沿线停车休息的服务设施称为服务区、停车区，一般公路沿线停车休息的服务设施称为服务站、停车点。

9.2.4 本条未规定公路上是否可以通行公交，这是法规的范畴。根据城乡建设一体化的要求，城市公交延伸服务到城郊，本条规定了城镇化地区公路上公交停靠站的设置。

公交停靠站设置位置，需要考虑停站车辆对其他车辆通行的影响，利于路段交通安全和保证候车乘客的安全，避免设置于视距条件不良、车辆集中变速（如变速车道路段）、车辆集中换道（如平面交叉口展宽段等横断面变化路段）等交通复杂的路段和隧道等不利于突发事件条件下人员疏散的区域。

公路设置公交停靠站时，需要考虑公交车车型特点，避免速度较快、大型货车比例高的公路交通与公交车之间互相影响。

公交停靠站与客运汽车停靠站、服务站、停车点等服务设施合并设置，有利于设施的综合利用和对出行者的综合服务。

9.2.5 设置公交停靠站路段的线形，需要考虑公共汽车停靠的稳定、通视条件和乘客上下车的便利性。

考虑到公共汽电车的停车、起步特点，以及车内站立乘客，停靠区乘客、行人的安全，规定了公交停靠站路段的纵坡要求。

凹形竖曲线底部雨天易形成汇水。

9.3 管理设施

9.3.1 各地对智慧交通建设均有需求。智慧管养路产信息化、管理养护信息化、智慧健康监测、车路协同、智慧服务区、智慧隧道、主动交通控制、自动驾驶专用车道等，根据当地需求建设。供电和通信设施建设需要为智慧交通预留容量。管理设施的外场设备如摄像机、检测器、照明灯等，与交通安全设施（如标志），宜共用杆柱。

9.3.2 公路上许多平面交叉采用了信号控制方式，设置方式主要参照《城市道路交通设施设计规范（2019年版）》（GB 50688—2011）和《道路交通信号灯设置与安装规范》（GB 14886—2016）。

信号灯的配置应与公路交通组织相匹配，有利于行人和非机动车的安全通行，有利于提高通行效率。

一条路上连续设置信号灯时，采用绿波等方式协调信号灯配时，有利于提高通行效率。

在隧道、收费站、潮汐车道及需要对车道进行控制的路段，设置车道控制标志有利于控制与安全。

交通信号灯应能被清晰、准确地识别，保障视距，避免遮挡。设备应安全可靠，能够长期连续稳定运行。

9.3.3 在高速公路进入城市的路段上易发生拥堵，宜结合流量、密度、速度等交通流特征，通过可变限速标志、可变信息标志、车道控制标志等，进行主动的交通流管控，提高通行效率，保障行驶安全。

9.3.4 照明设置主要考虑两个方面，一是夜间行车安全风险较高的路段；二是使驾驶人认识到驾驶环境发生了变化。

9.3.5 公路照明可以分为主要供机动车使用的机动车交通公路照明和主要供非机动车与行人使用的人行道照明两类。本标准在把亮度作为道路照明评价系统的同时也接受照度这一评价系统。在有条件进行亮度计算和测量的情况下，要以亮度为准。机动车交通公路照明参照《城市道路照明设计标准》（CJJ 45—2015）分级，高速公路和控制出入的一级公路参照快速路、主干路，一级、二级公路参照次干路，三级、四级公路参考城市支路。

9.3.6 城镇化地区公路交会区指的是交叉区、匝道及平交口等。城镇化地区公路沿线特殊设施及场所的照度可以根据实际需求进行设计，原则上不低于各设施及场所的相关规范要求。

9.3.7 本条规定了主要供行人和非机动车使用的照明标准值。因城镇化地区公路人行道及非机动车道的照明需求与城市道路的需求类似，故本条参考《城市道路照明设计标准》（CJJ 45—2015）。

9.3.10 根据所在地区的经纬度和季节变化，指定相对应的照明控制方式。照明也可以结合所在地区管理部门的要求，适当调整控制方式。

10 管线综合、雨水工程、景观

10.1 管线综合

10.1.1 管线综合的目标是合理利用用地，统筹安排工程管线在地上和地下的空间位置，协调工程管线之间及工程管线与其他各项工程之间的关系。同步实施的管线种类和规模依据各专业的专项规划确定。

工程管线的种类一般包括给水、再生水、雨水、污水、热力（制冷）、电力、燃气、通信等。

10.1.2 位于新建公路范围内的现状管线，应结合公路等级、路基处理方式、与桥墩等构筑物间距等因素，采用现场保护或择址迁改等措施，保证公路及管线安全。

10.1.5 地上线杆主要有公路照明灯杆、交通标志杆、交通信号杆、护栏、电力架空杆、通信架空杆、声屏障等。箱柜主要有城市设施的供变电箱（柜）、道路照明箱柜、交通信号箱柜以及站牌等。

10.2 雨水工程

10.2.3 连续设置侧分隔带的路段，利用纵坡排水困难时，为避免雨水穿过分隔带横向流过另一侧车道或从下游横向流过外侧车道，根据需要在相应位置设置雨水口。

10.3 景观

10.3.1 公路从郊外进入城镇化地区，通过必要的景观设计（如景观门廊），使驾驶人意识到不同的驾驶环境，有利于交通安全。

现行公路工程行业标准一览表

(2022年1月)

序号	板块	模块	现行编号	名 称	定价(元)
1	总体		JTG 1001—2017	公路工程标准体系	20.00
2			JTG A02—2013	公路工程行业标准制修订管理导则	15.00
3			JTG A04—2013	公路工程标准编写导则	20.00
4	通用	基础	JTG B01—2014	公路工程技术标准(活页夹版,11814)	98.00
				公路工程技术标准(平装版,11829)	68.00
5			JTG 2111—2019	小交通量农村公路工程技术标准(15327)	50.00
6			JTG/T 3311—2021	小交通量农村公路工程设计规范(17487)	60.00
7			JTG 2112—2021	城镇化地区公路工程技术标准(17752)	50.00
8			JTJ 002—87	公路工程名词术语(0346)	22.00
9			JTJ 003—86	公路自然区划标准(0348)	16.00
10			建标[2011]124号	公路工程项目建设用地指标(09402)	36.00
11			JTG 2120—2020	公路工程结构可靠性设计统一标准(16532)	50.00
12			JTG F80/1—2017	公路工程质量检验评定标准 第一册 土建工程(14472)	90.00
13			JTG 2182—2020	公路工程质量检验评定标准 第二册 机电工程(16987)	60.00
14		安全	JTG B05—2015	公路项目安全性评价规范(12806)	45.00
15			JTG B05-01—2013	公路护栏安全性能评价标准(10992)	30.00
16			JTG B02—2013	公路工程抗震规范(11120)	45.00
17			JTG/T 2231-01—2020	公路桥梁抗震设计规范(16483)	80.00
18			JTG/T 2231-02—2021	公路桥梁抗震性能评价细则(16433)	40.00
19			JTG 2232—2019	公路隧道抗震设计规范(16131)	60.00
20			JTG F90—2015	公路工程施工安全技术规范(12138)	68.00
21		绿色	JTG/T 2321—2021	公路工程利用建筑垃圾技术规范(17536)	40.00
22			JTG B03—2006	公路建设项目环境影响评价规范(13373)	40.00
23			JTG B04—2010	公路环境保护设计规范(08473)	28.00
24			JTG/T 2340—2020	公路工程节能规范(16115)	30.00
25		智慧	JTG/T 2420—2021	公路工程信息模型应用统一标准(17181)	50.00
26			JTG/T 2421—2021	公路工程设计信息模型应用标准(17179)	80.00
27			JTG/T 2422—2021	公路工程施工信息模型应用标准(17180)	70.00
28	建设	勘测	JTG C10—2007	公路勘测规范(06570)	40.00
29			JTG/T C10—2007	公路勘测细则(06572)	42.00
30			JTG C20—2011	公路工程地质勘察规范(09507)	65.00
31			JTG/T C21-01—2005	公路工程地质遥感勘察规程(0839)	17.00
32			JTG/T C21-02—2014	公路工程卫星图像测绘技术规程(11540)	25.00
33			JTG/T 3222—2020	公路工程物探规程(16831)	60.00
34			JTG 3223—2021	公路工程地质原位测试规程(17325)	100.00
35			JTG C30—2015	公路工程水文勘测设计规范(12063)	70.00
36		设计	JTG/T 3310—2019	公路工程混凝土结构耐久性设计规范(15635)	50.00
37			JTG D20—2017	公路路线设计规范(14301)	80.00
38			JTG/T D21—2014	公路立体交叉设计细则(11761)	60.00
39			JTG D30—2015	公路路基设计规范(12147)	98.00
40			JTG/T D31—2008	沙漠地区公路设计与施工指南(1206)	32.00
41			JTG/T D31-02—2013	公路软土地基路堤设计与施工技术细则(10449)	40.00
42			JTG/T D31-03—2011	采空区公路设计与施工技术细则(09181)	40.00
43			JTG/T D31-04—2012	多年冻土地区公路设计与施工技术细则(10260)	40.00
44			JTG/T D31-05—2017	黄土地区公路路基设计与施工技术细则(13994)	50.00
45			JTG/T D31-06—2017	季节性冻土地区公路设计与施工技术规范(13981)	45.00
46			JTG/T D32—2012	公路土工合成材料应用技术规范(09908)	50.00
47			JTG/T D33—2012	公路排水设计规范(10337)	40.00
48			JTG/T 3334—2018	公路滑坡防治设计规范(15178)	55.00
49			JTG D40—2011	公路水泥混凝土路面设计规范(09463)	40.00
50			JTG D50—2017	公路沥青路面设计规范(13760)	50.00
51			JTG/T 3350-03—2020	排水沥青路面设计与施工技术规范(16651)	50.00
52			JTG D60—2015	公路桥涵设计通用规范(12506)	40.00
53			JTG/T 3360-01—2018	公路桥梁抗风设计规范(15231)	75.00
54			JTG/T 3360-02—2020	公路桥梁抗撞设计规范(16435)	40.00
55			JTG/T 3360-03—2018	公路桥梁景观设计规范(14540)	40.00
56			JTG D61—2005	公路圬工桥涵设计规范(13355)	30.00
57			JTG 3362—2018	公路钢筋混凝土及预应力混凝土桥涵设计规范(14951)	90.00
58			JTG 3363—2019	公路桥涵地基与基础设计规范(16223)	90.00
59			JTG D64—2015	公路钢结构桥梁设计规范(12507)	80.00
60			JTG/T D64-01—2015	公路钢混组合桥梁设计与施工规范(12682)	45.00
61			JTG/T 3364-02—2019	公路钢桥面铺装设计与施工技术规范(15637)	50.00
62			JTG/T 3365-01—2020	公路斜拉桥设计规范(16365)	50.00
63			JTG/T 3365-02—2020	公路涵洞设计规范(16583)	50.00
64			JTG/T D65-05—2015	公路悬索桥设计规范(12674)	55.00
65			JTG/T D65-06—2015	公路钢管混凝土拱桥设计规范(12514)	40.00
66			JTG 3370.1—2018	公路隧道设计规范 第一册 土建工程(14639)	110.00
67			JTG D70/2—2014	公路隧道设计规范 第二册 交通工程与附属设施(11543)	50.00

序号	板块	模块	现行编号	名称	定价(元)
68	建设	设计	JTG/T D70—2010	公路隧道设计细则(08478)	66.00
69			JTG/T D70/2-01—2014	公路隧道照明设计细则(11541)	35.00
70			JTG/T D70/2-02—2014	公路隧道通风设计细则(11546)	70.00
71			JTG/T 3374—2020	公路瓦斯隧道设计与施工技术规范(16141)	60.00
72			JTG D80—2006	高速公路交通工程及沿线设施设计通用规范(0998)	25.00
73			JTG D81—2017	公路交通安全设施设计规范(14395)	60.00
74			JTG/T D81—2017	公路交通安全设施设计细则(14396)	90.00
75			JTG/T 3381-02—2020	公路限速标志设计规范(16696)	40.00
76			JTG D82—2009	公路交通标志和标线设置规范(07947)	116.00
77			JTG/T 3383-01—2020	公路通信及电力管道设计规范(16686)	40.00
78			JTG/T L11—2014	高速公路改扩建设计细则(11998)	45.00
79			JTG/T L80—2014	高速公路改扩建交通工程与沿线设施设计细则(11999)	30.00
80		试验	JTG E20—2011	公路工程沥青及沥青混合料试验规程(09468)	106.00
81			JTG 3420—2020	公路工程水泥及水泥混凝土试验规程(16989)	100.00
82			JTG 3430—2020	公路土工试验规程(16828)	120.00
83			JTG E41—2005	公路工程岩石试验规程(13351)	30.00
84			JTG E42—2005	公路工程集料试验规程(13353)	50.00
85			JTG E50—2005	公路工程土工合成材料试验规程(13398)	40.00
86			JTG E51—2009	公路工程无机结合料稳定材料试验规程(08046)	60.00
87			JTG 3450—2019	公路路基路面现场测试规程(15830)	90.00
88		检测	JTG/T 3520—2021	公路机电工程测试规程(17414)	60.00
89			JTG/T 3512—2020	公路工程基桩检测技术规程(16482)	60.00
90		施工	JTG/T 3610—2019	公路路基施工技术规范(15769)	80.00
91			JTG/T F20—2015	公路路面基层施工技术细则(12367)	45.00
92			JTG/T F30—2014	公路水泥混凝土路面施工技术细则(11244)	60.00
93			JTG F40—2004	公路沥青路面施工技术规范(05328)	50.00
94			JTG/T 3650—2020	公路桥涵施工技术规范(16434)	125.00
95			JTG/T 3650-02—2019	特大跨径公路桥梁施工测量规范(15634)	80.00
96			JTG/T 3660—2020	公路隧道施工技术规范(16488)	100.00
97			JTG/T 3671—2021	公路交通安全设施施工技术规范(17000)	50.00
98			JTG/T F72—2011	公路隧道交通工程与附属设施施工技术规范(09509)	35.00
99		监理	JTG G10—2016	公路工程施工监理规范(13275)	40.00
100		造价	JTG 3810—2017	公路工程建设项目造价文件编制导则(14473)	50.00
101			JTG/T 3811—2020	公路工程施工定额测定与编制规程(16083)	60.00
102			JTG/T 3812—2020	公路工程建设项目造价数据标准(16836)	100.00
103			JTG 3820—2018	公路工程建设项目投资估算编制办法(14362)	60.00
104			JTG/T 3821—2018	公路工程估算指标(14363)	120.00
105			JTG 3830—2018	公路工程建设项目概算预算编制办法(14364)	60.00
106			JTG/T 3831—2018	公路工程概算定额(14365)	270.00
107			JTG/T 3832—2018	公路工程预算定额(14366)	300.00
108			JTG/T 3833—2018	公路工程机械台班费用定额(14367)	50.00
109	养护	综合	JTG H10—2009	公路养护技术规范(08071)	60.00
110			JTG 5120—2021	公路桥涵养护规范(17160)	60.00
111			JTG/T 5122—2021	公路缆索结构体系桥梁养护技术规范(17764)	60.00
112			JTG H12—2015	公路隧道养护技术规范(12062)	60.00
113			JTJ 073.1—2001	公路水泥混凝土路面养护技术规范(13658)	20.00
114			JTG 5142—2019	公路沥青路面养护技术规范(15612)	60.00
115			JTG/T 5142-01—2021	公路沥青路面预防养护技术规范(17578)	50.00
116			JTG 5150—2020	公路路基养护技术规范(16596)	40.00
117			JTG/T 5190—2019	农村公路养护技术规范(15430)	30.00
118		检测评价	JTG 5210—2018	公路技术状况评定标准(15202)	40.00
119			JTG/T E61—2014	公路路面技术状况自动化检测规程(11830)	25.00
120			JTG/T H21—2011	公路桥梁技术状况评定标准(09324)	46.00
121			JTG/T J21—2011	公路桥梁承载能力检测评定规程(09480)	20.00
122			JTG/T J21-01—2015	公路桥梁荷载试验规程(12751)	40.00
123			JTG 5220—2020	公路养护工程质量检验评定标准 第一册 土建工程(16795)	80.00
124		养护设计	JTG 5421—2018	公路沥青路面养护设计规范(15201)	40.00
125			JTG/T J22—2008	公路桥梁加固设计规范(07380)	52.00
126			JTG/T 5440—2018	公路隧道加固技术规范(15402)	70.00
127		养护施工	JTG/T F31—2014	公路水泥混凝土路面再生利用技术细则(11360)	30.00
128			JTG/T 5521—2019	公路沥青路面再生技术规范(15839)	60.00
129			JTG/T J23—2008	公路桥梁加固施工技术规范(07378)	40.00
130			JTG H30—2015	公路养护安全作业规程(12234)	90.00
131		造价	JTG 5610—2020	公路养护预算编制导则(16733)	50.00
132			JTG/T M72-01—2017	公路隧道养护工程预算定额(14189)	60.00
133			JTG/T 5612—2020	公路桥梁养护工程预算定额(16855)	50.00
134			JTG/T 5640—2020	农村公路养护预算编制办法(16302)	70.00
135	运营	收费服务	JTG/T 6303.1—2017	收费公路移动支付技术规范 第一册 停车移动支付(14380)	20.00
136			JTG B10-01—2014	公路电子不停车收费联网运营和服务规范(11566)	30.00

注：JTG——公路工程行业标准；JTG/T——公路工程行业推荐性标准。销售电话:010-85285659;业务咨询电话:010-85285922/30。